四川師範大學圖書館
館藏珍本圖錄

楊杰　陳鴻亮　主編

四川大學出版社
SICHUAN UNIVERSITY PRESS

項目策劃：梁　平
責任編輯：王　靜
責任校對：毛張琳
封面設計：璞信文化
責任印製：王　煒

圖書在版編目（CIP）數據

四川師范大學圖書館館藏珍本圖錄 / 楊杰，陳鴻亮
主編 . — 成都：四川大學出版社，2022.4
ISBN 978-7-5690-5413-2

Ⅰ．①四… Ⅱ．①楊… ②陳… Ⅲ．①古籍－善本－
圖書館目錄－四川 Ⅳ．① Z838

中國版本圖書館 CIP 數據核字（2022）第 055982 號

書名	四川師範大學圖書館館藏珍本圖錄

SICHUAN SHIFAN DAXUE TUSHUGUAN GUANCANG ZHENBEN TULU

主　　編	楊　杰　陳鴻亮
出　　版	四川大學出版社
地　　址	成都市一環路南一段 24 號（610065）
發　　行	四川大學出版社
書　　號	ISBN 978-7-5690-5413-2
印前製作	四川勝翔數碼印務設計有限公司
印　　刷	四川盛圖彩色印刷有限公司
裝　　訂	成都東江印務有限公司
成品尺寸	210mm×285mm
印　　張	9.5
字　　數	139 千字
版　　次	2022 年 4 月第 1 版
印　　次	2022 年 4 月第 1 次印刷
定　　價	180.00 圓

◆ 讀者郵購本書，請與本社發行科聯繫。
　　電話：(028)85408408/(028)85401670/
　　(028)86408023　郵政編碼：610065
◆ 本社圖書如有印裝質量問題，請寄回出版社調換。
◆ 網址：http://press.scu.edu.cn

四川大學出版社
微信公眾號

編委會

前　言

一

　　四川師範大學是一所有着七十六年光輝歷史的學校。

　　這所高校的前身是始建於1946年的川北三臺縣的"川北農工學院"，該校後遷址至四川省南充市，和西山書院合并後與川東教育學院組建"川北大學"。新中國成立初期，經院系調整，川北大學和四川大學、華西大學的部分專業組建了"四川師範學院"，又接收了原重慶師範學院部分師生，規模日漸擴大。1956年，四川師範學院本科專業遷到成都東郊獅子山。1964年，原成都大學（現西南財經大學）數理化三系并入四川師範學院。1985年，經國家教育委員會批准，四川師範學院更名爲四川師範大學。

　　四川師範大學是一所有着深厚的文化底蘊和歷史淵源的學校。

　　在學校發展壯大的歷程中，先後涌現了以著名墨學家伍非百、社會學和民俗學專家李安宅、楚辭學專家湯炳正、文獻學專家屈守元、訓詁學專家劉君惠等爲代表的諸多文史名家。

　　四川師範大學圖書館是藏書量排名爲四川省第三、特色藏書全國聞名的高校圖書館。其前身是始建於1946年的川北農工學院圖書館。1952年，在合并原川東教育學院圖書館，接收原華西大學、四川大學圖書館部分圖書後，正式組建四川師範學院圖書館。1985年更名爲四川師範大學圖書館。

　　四川師範大學圖書館的古籍收藏始於建校之初，圖書館領導多次前往上海古籍書店、廣州古籍書店及北京的書店和舊書市場大量搜集、購買各種古籍，日積月累，使得館藏古籍日益豐富。作爲一所地方師範院校，在沒有歷史遺存、大宗捐獻和經費撥付的情況下，逐漸積累下這些古籍實屬難能可貴，其過程之艱辛可想而知。四川師範大學圖書館現藏古籍超過100000册，其中，善本古籍有1400多種，約

15000册，收藏量在四川省高校中名列前茅。尤其值得一提的是，這些古籍的品質還很高，其中入選《中國古籍善本書目》的有120部；入選《四川省高校圖書館古籍善本聯合目錄》的有468部；入選《四川省第一批珍貴古籍名錄》的有56部；入選第一至六批"國家珍貴古籍名錄"共計53部，入選數量在四川省高校中位居第一，在全國師範院校名列第四位。這更加凸顯了當年主持購書者的眼光之獨到，專業水準之高超，多年保存積累之不易。

二

2007年，國務院辦公廳發布《關於進一步加強古籍保護工作的意見》（國辦發〔2007〕6號），提出在"十一五"期間大力實施"中華古籍保護計劃"。要求統一部署，對全國各類機構古籍收藏和保護狀況進行全面普查。在國家和地方層面分別建立珍貴古籍名錄，實現國家對古籍的分級管理和保護，以評定"全國古籍重點保護單位"爲契機，改進古籍書庫標準化建設，改善古籍的存藏環境，加強古籍修復工作和基礎實驗研究工作，逐步形成完善的古籍保護工作體系。2021年習近平總書記"七一"重要講話提到要加強對中華傳統文化的保護、弘揚、傳承，古籍保護被賦予了更重要的歷史使命。

四川師範大學領導高度重視，加大了對古籍保護工作的投入力度。四川師範大學圖書館更是積極響應國家號召，回應時代呼喚，落實學校建設目標，積極開展相關古籍保護工作。

2008年，學校在成龍校區新建圖書館時，按照國家古籍保護中心的要求，規劃建設新的古籍書庫、閱覽室及修復室。古籍書庫中購置了先進的氣體自動滅火系統，配備了防蛀防潮的樟木書櫃、楠木函套和有恆濕功能的古籍展櫃，並利用一系列現代化設備保證了整個書庫恆溫恆濕的環境，古籍保護條件由此得到了極大的改善。

同年，四川師範大學圖書館開始參加"國家珍貴古籍名錄"和"全國古籍重點保護單位"的申報。得益於有較大的古籍收藏數量、較高的收藏品質、鮮明的收藏特色、完善的保護條件，2013年四川師範大學圖書館被國務院批準授予"全國古籍重點保護單位"的稱號。這項殊榮在四川省高校中僅有四川大學和四川師範大學兩所高校獲得。

2012年，文化部辦公廳下發了《文化部辦公廳關於加快推進全國古籍普查登記工作的通知》，四川師範大學圖書館認真貫徹落實通知精神，遵照國家編制《中華古籍總目》的要求，開展館藏古籍普查工作。古籍普查歷經數載，幾經方案調整，在領導和古籍部全體同仁的努力下，終於在2018年形成普查資料初稿，之後又經過審校、修訂，最終提交四川省古籍保護中心審核。2020年1月，楊杰同志擔任副館長，分管古籍部，希望古籍部的老師們能對過去幾年的普查工作做一總結，形成成果，於是便有了《四川師範大學圖書館館藏古籍珍本圖錄》的編纂。

三

圖錄是展示古籍收藏的重要形式，是古籍版本鑒定的重要工具，也是古籍編目、整理的重要成果。自清末楊守敬《留真譜》開此風氣以來，漸次出現了《鐵琴銅劍樓書影》《嘉業堂善本書影》等私家藏書圖錄。民國以後，隨着大量古籍被收歸公有，照相技術不斷提高和普及，收藏機構也樂於編纂圖錄、書影，學界也愈加重視古籍圖錄，當時出版了《故宮善本書影》《盋山書影》等圖錄。新中國成立後，由趙萬里先生主持編纂的《中國版刻圖錄》選輯中國雕版印刷術發明以後歷代雕版印刷品中有代表性的樣頁，按刻版時代和刻版地區編排，成爲古籍圖錄的典範之作。

近些年來，特別是自2007年中華古籍保護計劃實施以來，圖錄出版風氣日熾，各類圖錄大量涌現，概括起來主要有以下幾類。

一是珍貴古籍名錄圖錄。自2008年3月至2020年10月間，國務院先後批准並公布了文化部確定的六批國家珍貴古籍名錄，共有13026部珍貴古籍入選。名單公布後不久便由國家圖書館出版社將各書書影編輯成冊，予以出版。這是"國家珍貴古籍名錄"評選的重要成果，也是極具價值的圖錄出版物。在"國家珍貴古籍名錄"評審的推動下，各級地方政府也陸續評選、公布了珍貴古籍名錄，後出版了圖錄。其中比較有代表性的省份有浙江省、遼寧省、廣東省、山西省等，甚至還評選了多批次的珍貴古籍名錄。一些古籍保護工作做得比較好的市縣也開展了名錄評選和圖錄出版工作，比如濰坊市、烟臺市、嘉興市等。

隨着"國家珍貴古籍名錄"評選工作的開展，也出現了一種新的珍貴古籍名錄圖錄，這便是將各地、各館入選"國家珍貴古籍名錄"的圖書書影編輯成冊。其中有江蘇省第一至五批"國家珍貴古籍名錄"及《天津地區館藏珍貴古籍圖錄》《湖北省國家珍貴古籍名錄圖錄》《首都圖書館藏國家珍貴古籍圖錄》《浙江大學國家珍貴古籍名錄圖錄》《湖南師範大學國家珍貴古籍名錄圖錄》等。

二是專藏圖錄（館藏珍貴古籍圖錄）。不同行政級別公布的"珍貴古籍名錄"

具有聯合目錄的特徵，是以"珍貴古籍"爲著錄依據，將一定範圍内符合相應標準的古籍收錄其中。此外，還有以具體收藏單位所藏珍貴古籍爲收錄對象的館藏珍貴古籍圖錄。各圖書收藏機構，在開展珍貴古籍申報過程中，將各家遴選、評定的善本進行整理，便形成了自己的館藏善本名錄。隨着"中華古籍保護計劃"的大力實施，古籍圖書的價值爲人們所認識，古籍保護意識日漸深入人心，各收藏單位也樂於將館藏善本以圖錄的形式向讀者展示，專藏圖錄出版空前繁榮，數量多達數十種。其中比較著名的有《天津圖書館古籍善本圖錄》《山東省圖書館館藏珍品圖錄》《紹興圖書館珍貴古籍圖錄》《山西大學藏珍貴古籍圖錄》《復旦大學圖書館館藏古籍善本圖錄》《中山大學圖書館古籍善本圖錄》《廣州圖書館藏可居室文獻圖錄》《靜海樓藏珍貴古籍圖錄》等。

三是專題圖錄。依據不同的標準，古籍的版本有不同的分類，時間上有宋元明清之别，地域上有浙蜀閩贛之異。除刻本外，還有活字本、套印本、稿本、鈔本、校本等具有獨特版本特徵的類型。這些版本類型的版式風貌、鑒定方法、收藏價值都各具特色。古籍圖錄除了以"珍貴古籍"爲名目，還有專門針對某一類版本、某一家刻本或某一版刻要素彙編成書的。近十餘年來，這類專題圖錄也出版不少，諸如《明清稿鈔校本圖錄》《中國活字本圖錄》《明代閔凌刻套印本圖錄》《清代套印本圖錄》《清代版本圖錄》《清代版刻圖錄》《清代内府刻書圖錄》《湖北官書局版刻圖錄》《杭州版刻圖錄》《清代版刻牌記圖錄》等。

從近些年的出版情況可以看出，圖錄這種古籍展示方式廣爲收藏機構和版本學研究者接受，也都樂見其成。作爲一家古籍館藏總量並不大的高校圖書館，編輯這樣一部圖錄，初衷也就是想向讀者展示館藏精品，爲研究者提供版本鑒定的便利，同時也是對四川師範大學圖書館歷代前輩"積水聚沙"功績的紀念。

需要説明的是，古籍版本鑒定是一項學術性極強的工作，而相關工作人員水平有限，一些版本的著錄或有偏差，今後還需不斷修訂、完善。尚祈方家批評指正。

王　川

2021年10月於成都獅子山

凡 例

一、本書收錄館藏珍本一百〇一種，皆以歷史文物性、學術資料性和藝術代表性爲參考依據，從館藏善本中選取。

二、本書分宋元刻本、明清刻本、稿鈔本、活字本、套印本五類，各類之下按經、史、子、集四部排序，主要參考了《四庫全書總目》和《中國古籍總目》。

三、每種古籍選書影一幀至兩幀，以正文首卷卷端的原刻原印頁爲主，酌加牌記、題跋或其他能反映版本特徵的頁面。書影均據古籍原件拍攝。

四、著錄項目包括書名、卷數（存卷）、著者、版本（補配）、索書號、行款、板框尺寸、批校題跋、鈐印、《國家珍貴古籍名錄》編號等。

目 錄

稿鈔本

活字本

套印本

宋元刻本

雕版印刷興起於隋唐時期，主要用於刻印佛經和日常生活用書，至兩宋三百年間，技術逐漸成熟，應用日趨廣泛，形成了浙江、四川、福建三大刻書中心。元繼之，雖難相媲美，但書院、諸路儒學所刻亦不乏精善之本。宋元刻本因其流傳久遠、存世極少，加之勘校謹審、刻印精良，歷來爲鑒藏家所珍視，素有"百宋陌宋""千元十駕"之雅尚。本書收錄館藏宋元刻本十三種。

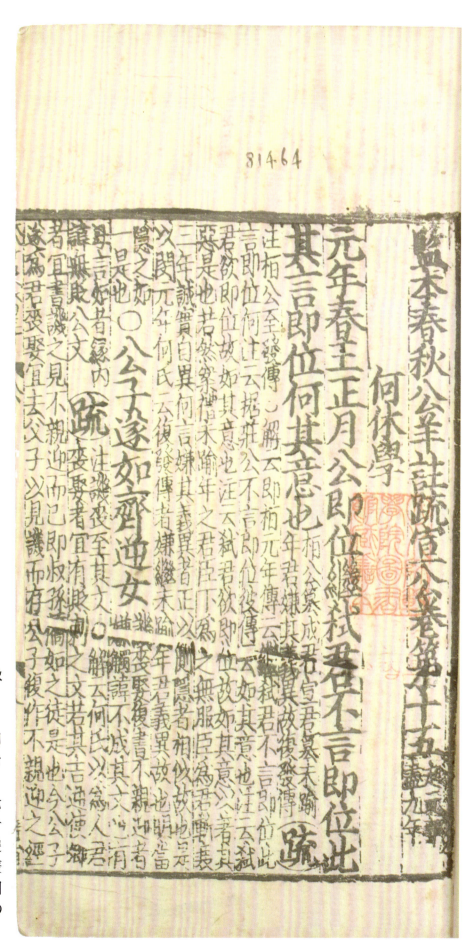

圖 001

001　監本附音春秋
公羊注疏二十八卷
　　[漢]何休注　[唐]
徐彥疏　[唐]陸德明
音義　元刻明修本（索
書號：621.72/2124）
　　半葉十行，行十七
字，小字雙行，行二十
三字，白口，左右雙
邊。框高18.8厘米，廣
13.1厘米。第三批《國
家珍貴古籍名錄》06999
號。

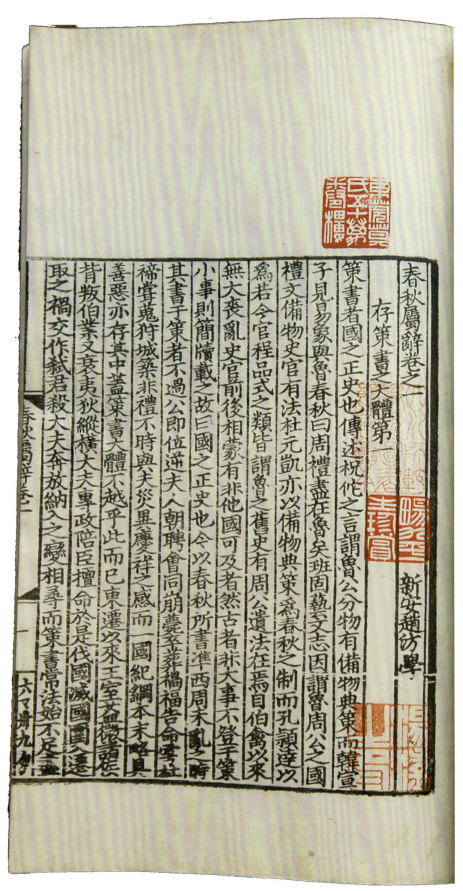

圖 002-1

002　春秋屬辭十五卷（存卷一至二、卷五至十、卷十七至二十）

[元]趙汸撰　元刻明修本（索書號：621.7/4930）

半葉十三行，行二十七字，小字雙行，行字不等，細黑口，左右雙邊。框高26.2厘米，廣16.6厘米。有"暘九平生珍賞""東莞莫氏五十萬卷樓""元本"等印。第一批《國家珍貴古籍名錄》00311號。

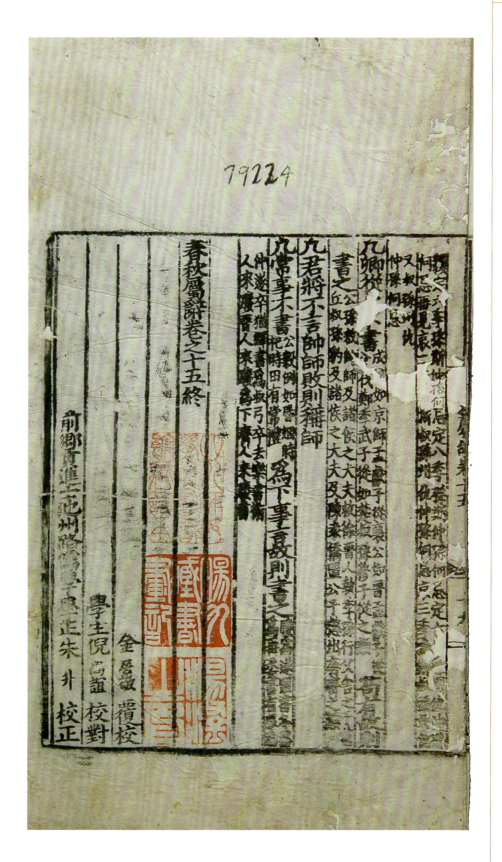

圖 002-2

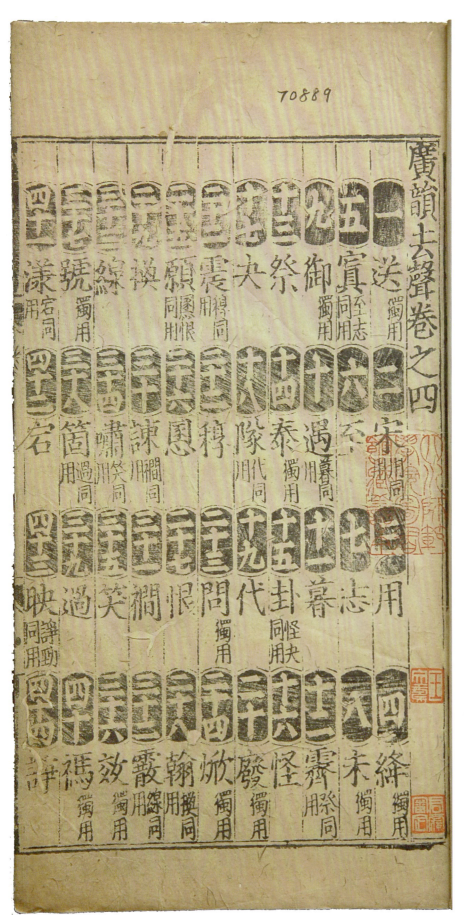

圖 003-1

003　廣韻五卷

〔宋〕陳彭年等
撰　元刻本（索書號：
802.423/7430）

半葉十二行，行字
不等，小字雙行，行字
不等，細黑口，四周雙
邊。框高26.0厘米，廣
20.9厘米。有王文燾跋，
有"王讀君覆"等印。
第一批《國家珍貴古籍
名錄》00373號。

木誤書作本

元覆宋小字本廣韻

此九霞宋黑口小字本ˎ每半葉十六行ː約大字十六小字三十二

四周雙綫邊板心上下黑口雙魚尾上有一句二等字紀卷第

大闕作韻一韻ˎ下紀葉次皆行書首行大題廣韻韻某聲卷

之幾次行韻目低一字ˎ以白文惰圓本記角以綑綫邊每韻目低三

字同用之韻連書不提行惟闕以魚尾中鐫箋夾小注或作等

字ˎ以白文別之字體方整略帶圓活倍南宋元初所刊者今春

學三沪上惜首冊序及上平聲首葉前半缺失卷末元韻後

殘失三葉二冊下平首葉損一角上聲三冊首葉佚半餘均完好

按小字本廣韻有南宋本元泰定全順至正各本明永樂節删重

修本宜都楊惺吾氏大日本訪書志詳志各本欵式得失以元本

圖 003-2

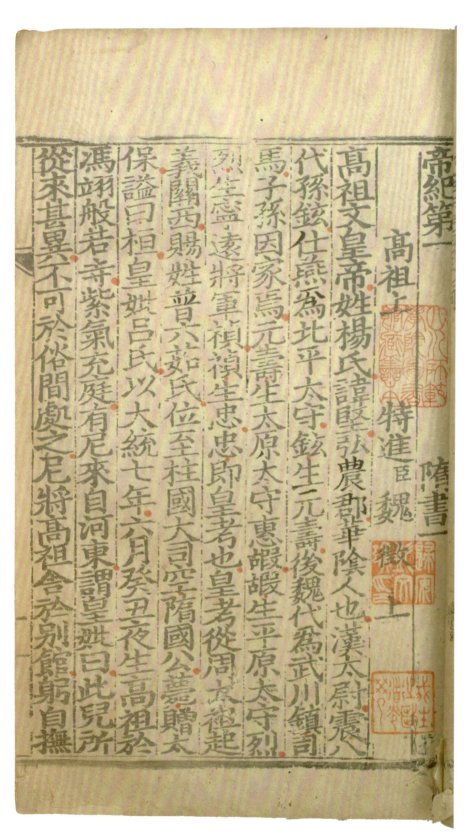

圖 004

004　隋書八十五卷

[唐]魏徵等撰

元大德饒州路儒學刻明遞修本（索書號：623.7/2628）

半葉十行，行二十二字，細黑口，左右雙邊或四周雙邊。框高21.4厘米，廣15.8厘米。有"歸安彭文瑞印"等印。第五批《國家珍貴古籍名錄》11441號。

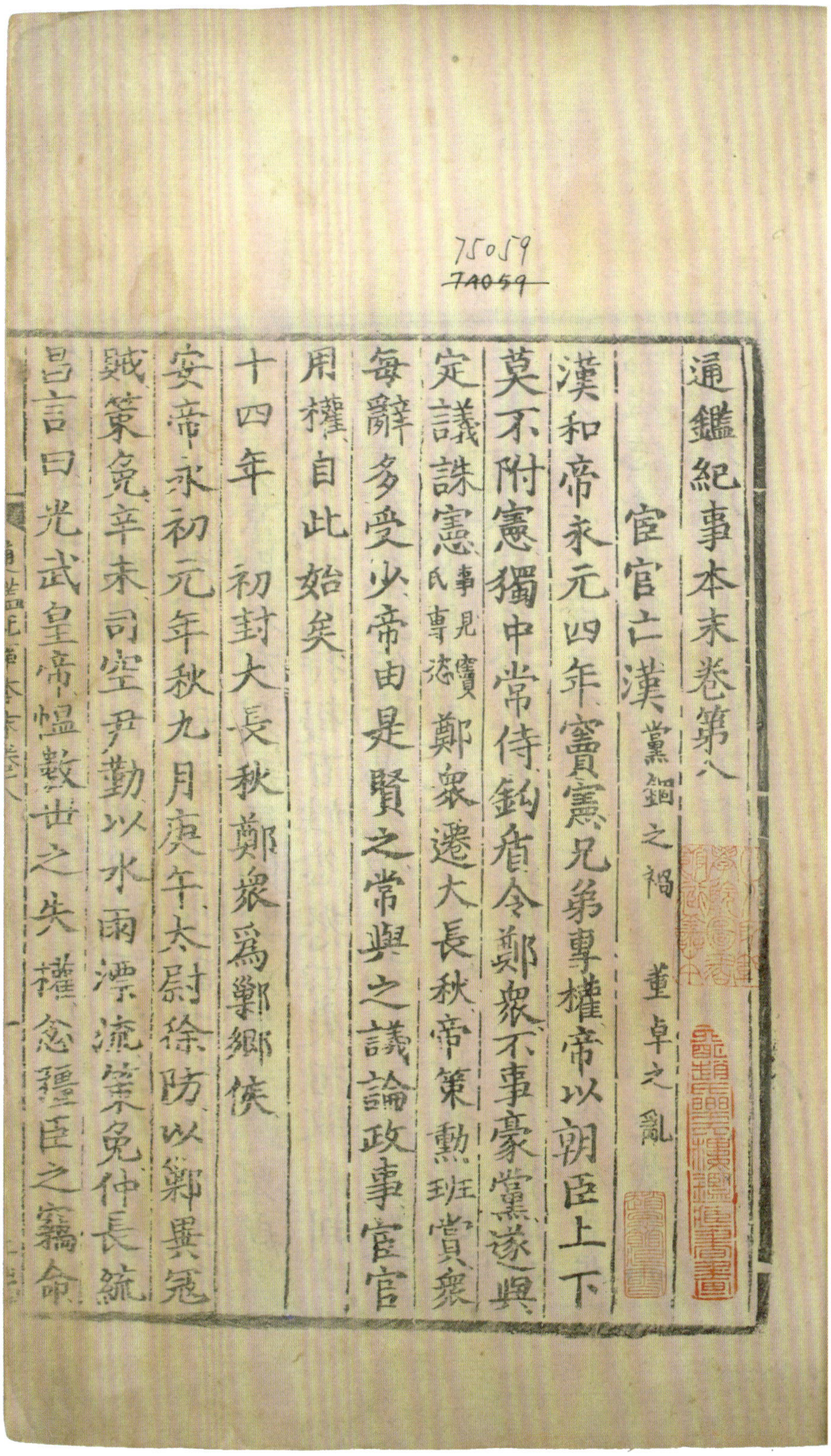

圖 005

通鑑紀事本末卷第八

宦官立漢黨錮之禍　董卓之亂

漢和帝永元四年竇憲兄弟專權帝以朝臣上下
莫不附憲獨中常侍鉤盾令鄭眾不事豪黨遂興
定議誅憲事見竇氏專恣　鄭眾遷大長秋策勳班賞眾
每辭多受少帝由是賢之常與之議論政事宦官
用權自此始矣
十四年初封大長秋鄭眾為鄭鄉侯
安帝永初元年秋九月庚午太尉徐防以鄭異冠
賊篡冤辛未司空尹勤以水雨漂流策免仲長統
昌言曰光武皇帝慍數世之失權念彊臣之竊命

005　通鑑紀事本末
四十二卷

　　［宋］袁樞撰　宋
寶祐五年（1257）趙與
篡刻元明遞修本（卷一
至七鈔配，索書號：
610.3/4041）

　　半葉十一行，行十九
字，白口，左右雙邊。
框高25.8厘米，廣20.0厘
米。有"四明趙氏樂天
樓鑑藏書畫"等印。第
二批《國家珍貴古籍名
錄》02824號。

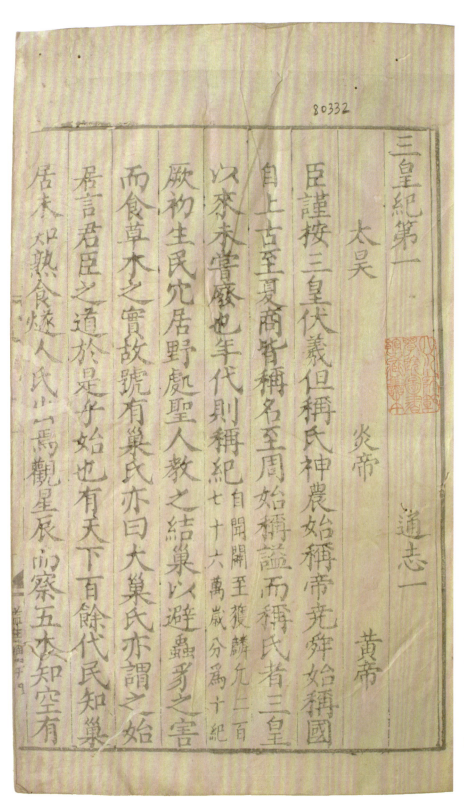

80332

三皇紀第一

太昊　　炎帝　　黃帝

臣謹按三皇伏羲但稱氏神農始稱帝堯舜始稱國
自上古至夏商皆稱名至周始稱謚而稱氏者三皇
以來未嘗廢也年代則稱紀七十六萬歲分為十紀
自開闢至獲麟九十二百

厥初生民宂居野處聖人教之結巢以避蟲豸之害
而食草木之實故號有巢氏亦曰大巢氏亦謂之始
君言君臣之道於是乎始也有天下百餘代民知巢
居末知熟食燧人氏以一焉觀星辰而察五木知空有

圖 006-1

006　通志二百卷

［宋］鄭樵撰　元
大德三山郡庠刻元明
遞修本（索書號：
610.13/8740）

半葉九行，行二十
一字，小字雙行同，白
口，左右雙邊。框高28.3
厘米，廣20.2厘米。第
二批《國家珍貴古籍名
錄》02643號。

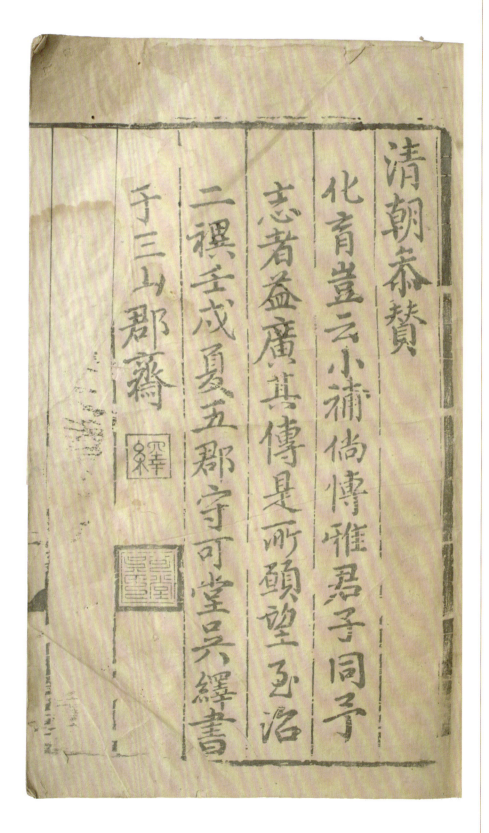

清朝恭贊

化育豈云小補倘博雅君子同予

志者益廣其傳是所頤望云沿

二禩壬戌夏五郡守可堂吳繹書

于三山郡齋

圖 006-2

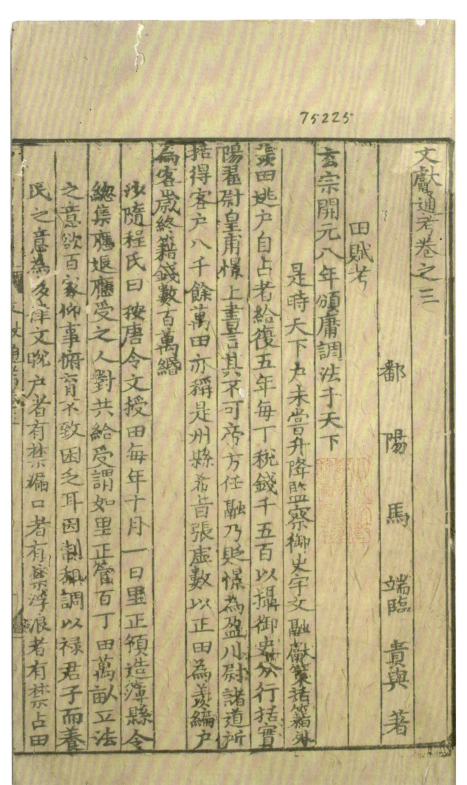

007　文獻通考三百四十八卷（存卷一至十二、卷十七至三百四十八）

　　［元］馬端臨撰　元泰定元年（1324）西湖書院刻元明遞修本（卷首、卷一至二、卷十一至十二配舊鈔本，索書號：573.1/7100）

　　半葉十三行，行二十六字，小字雙行同，細黑口，左右雙邊。框高25.1厘米，廣18.8厘米。第三批《國家珍貴古籍名錄》07115號。

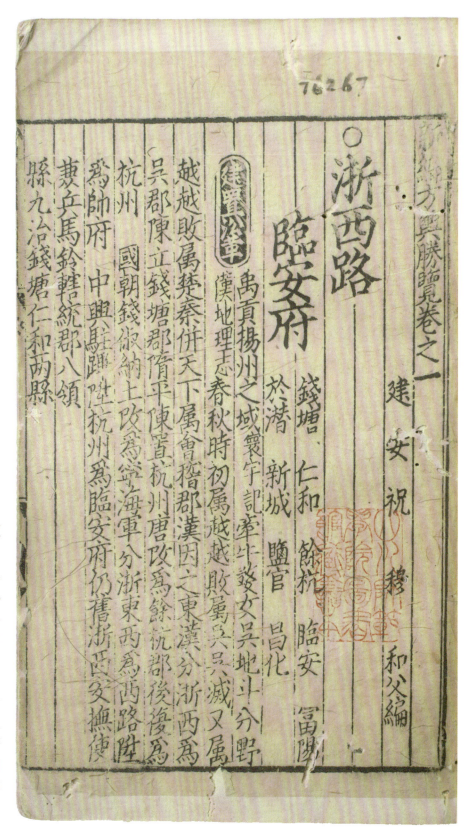

圖 008

008　新編方輿勝覽
七十卷

［宋］祝穆編　元
刻本（卷一至三、卷九
至十二、卷十六至三
十三、卷三十七至七
十，有鈔配，索書號：
660/3626）

半葉十四行，行二十
三字，細黑口，左右雙
邊。框高17.3厘米，廣
11.8厘米。第二批《國
家珍貴古籍名錄》02875
號。

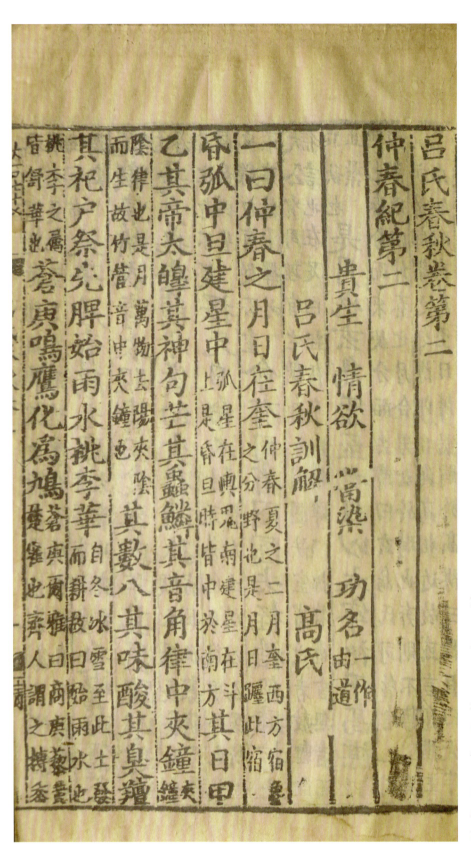

図 009-1

009　呂氏春秋二十六卷

［漢］高誘注　元至正嘉興路儒學刻明修本（索書號：121.872/6014）

半葉十行，行二十字，小字雙行同，細黑口，左右雙邊。框高22.8厘米，廣15.7厘米。有"何印元錫""真州吳氏有福讀書堂藏書"等印。第三批《國家珍貴古籍名錄》07145號。

四川師範大學圖書館館藏珍本 圖錄

14

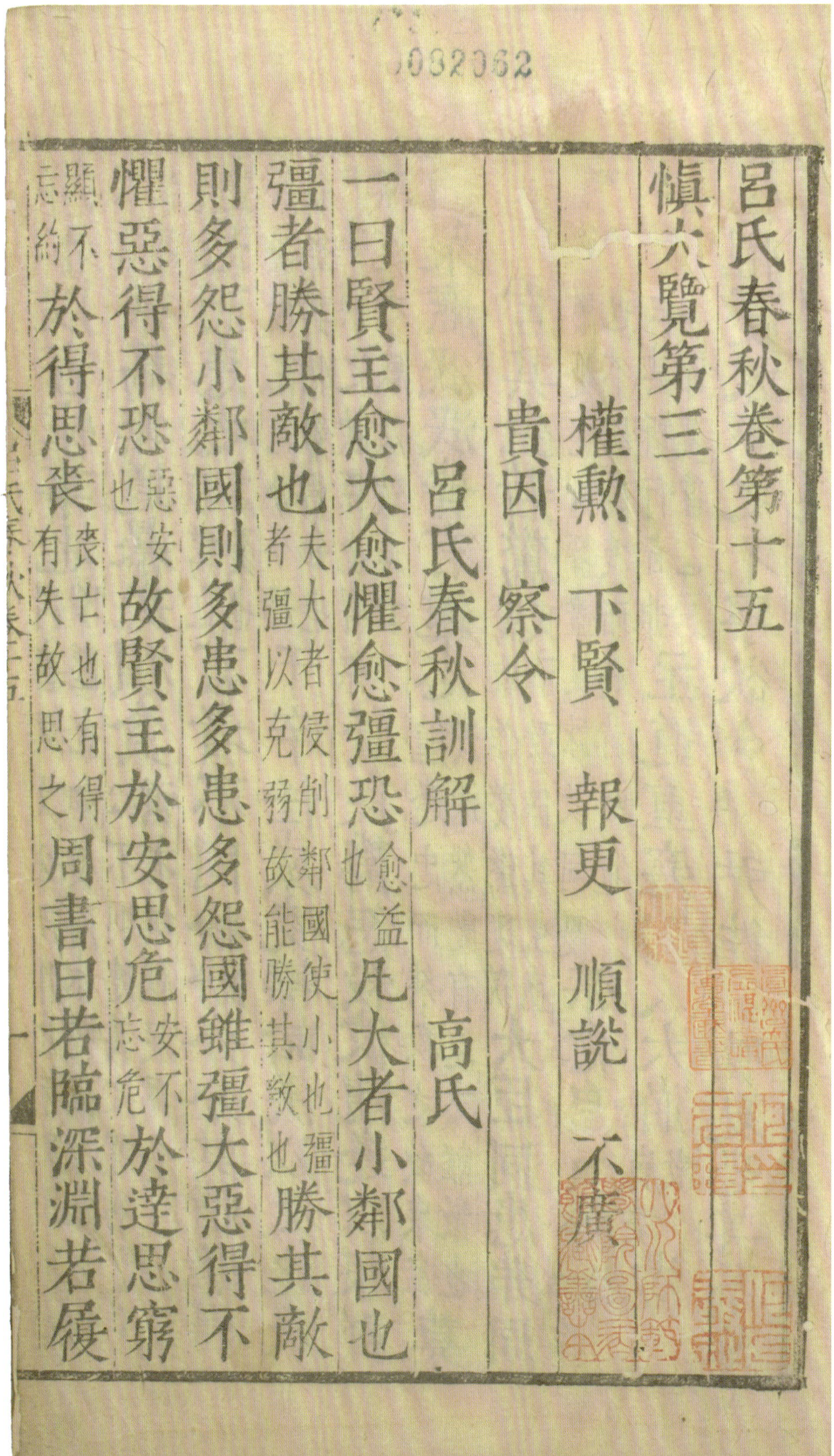

呂氏春秋卷第十五

慎六覽第三

貴因　察令

權勳　下賢　報更　順說　不廣

呂氏春秋訓解　　高氏

一曰賢主愈大愈懼愈彊愈恐（愈益也凡大者小鄰國也）

彊者勝其敵也（夫大者侵削鄰國使小也彊以克弱故能勝其敵也）者彊以克弱故能勝其敵

則多怨小鄰國則多患多怨多患多怨國雖彊大惡得不

懼惡得不恐也（惡安）故賢主於安思危（安不於達思窮）

顯不於得思衰（衰亡也有得之故思之）周書曰若臨深淵若履

圖 009-2

15

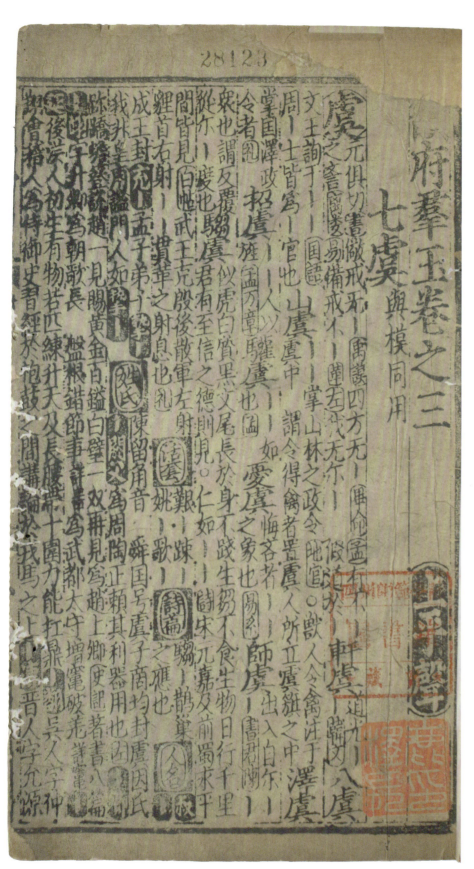

圖 010

010　韻府群玉二十卷（存卷三至四、卷十至十五）

　[元]陰時夫編輯　[元]陰中夫編注　元刻本（索書號：043.57/7865）

　半葉十行，行字不等，小字雙行，行二十九字，細黑口，四周雙邊。框高26.6厘米，廣21.4厘米。第三批《國家珍貴古籍名錄》07153號。

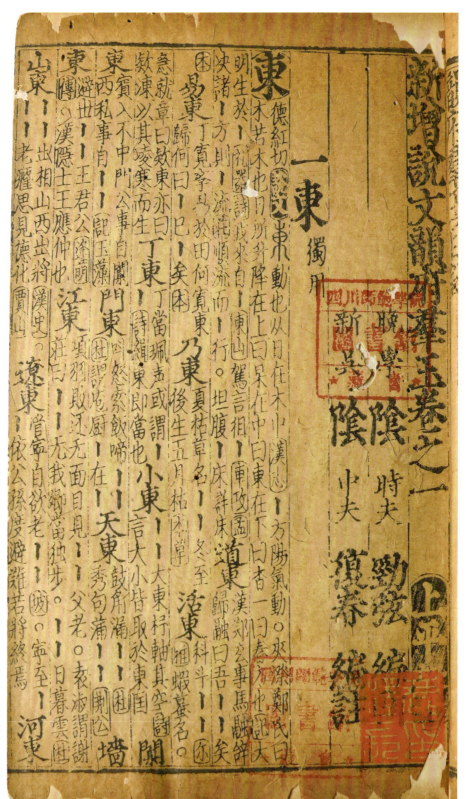

圖 011-1

011 新增説文韻府群玉二十卷（存卷一至二、卷五至九、卷十六至十九）

［元］陰時夫編輯
［元］陰中夫編注 元至正十六年（1356）劉氏日新堂刻本（索書號：043.57/7865）

半葉十一行，行字不等，小字雙行，行二十九字，細黑口，四周雙邊。框高26.6厘米，廣21.4厘米。第一批《國家珍貴古籍名錄》00827號。

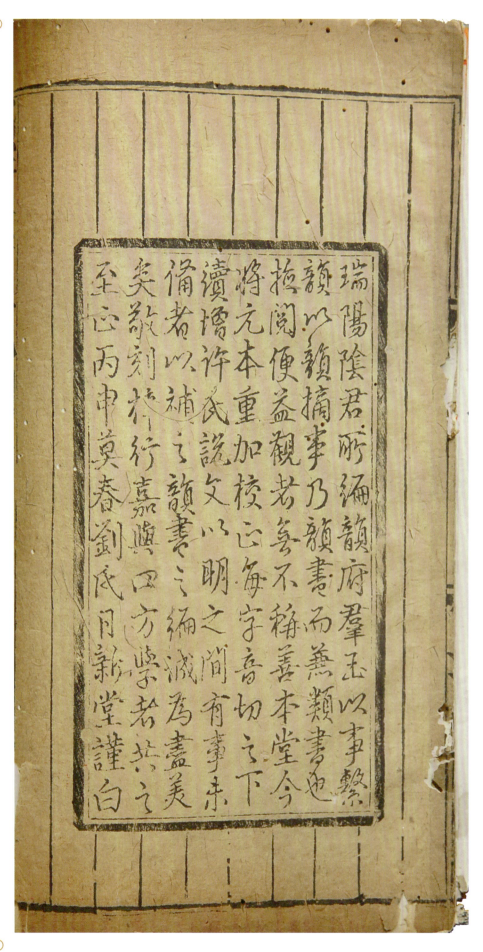

瑞陽陰君所編韻府羣玉以事繫
韻以韻摘事乃韻書而燕類書也
披閱便益觀者莫不稱善本堂今
將元本重加校正每字音切之下
讀增許氏說文以明之間有事未
備者以補之韻書之編誠為盡美
矣敬刻梓行嘉興四方學者共之
至正丙申莫春劉氏日新堂謹白

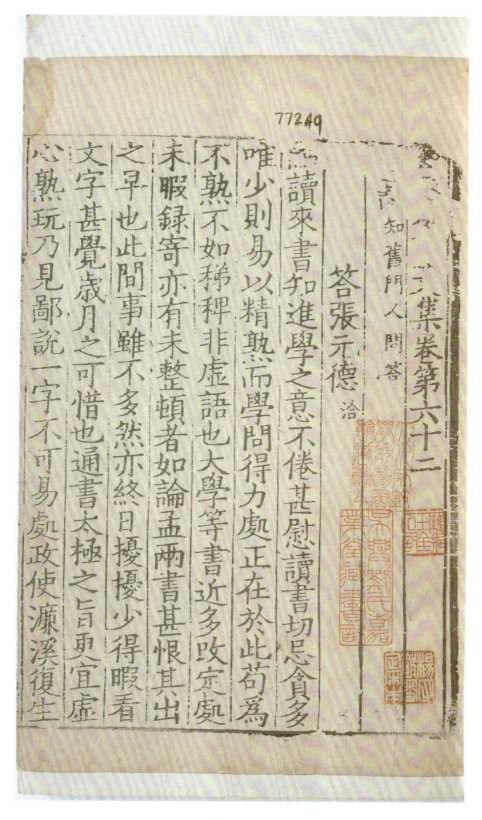

77249

圖 012

012　晦庵先生文集一百卷（存卷六十二至八十一、卷八十五至一百卷）

［宋］朱熹撰　宋刻元修本（索書號：845.23/2540）

半葉十行，行十九字，白口，左右雙邊。框高23.3厘米，廣17.4厘米。有"楊守敬審定宋本""羅振玉金石記"等印。第二批《國家珍貴古籍名錄》03140號。

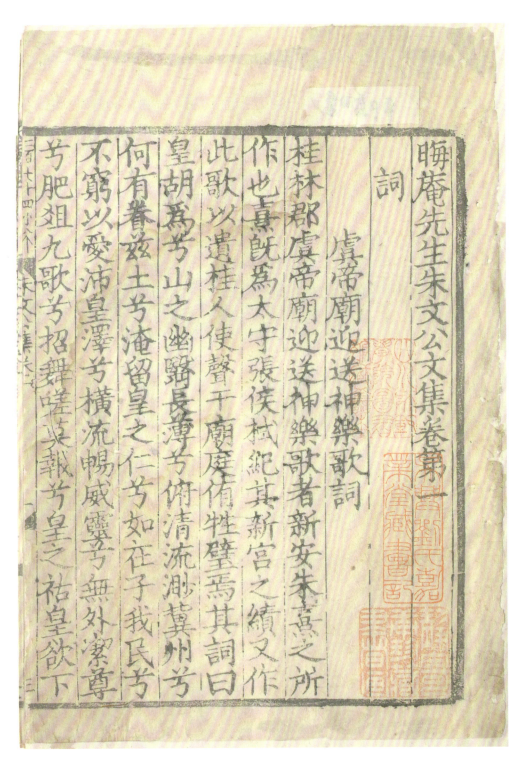

圖 013

013　晦庵先生朱文公文集一百卷目錄二卷（存卷一、卷四至十、卷十三至十四、卷十六至十八、卷二十至二十二、卷二十四至二十五、卷二十八至二十九、卷三十一至三十四、卷三十六至卷四十、卷四十二至四十四、卷四十七至四十九、卷五十一至五十四、卷五十七至六十一、卷八十二、卷八十四）

［宋］朱熹撰　宋刻宋元明遞修本（索書號：845.23/2540）

半葉十行，行十八字，小字雙行同，白口，左右雙邊。框高20.0厘米，廣15.8厘米。有"吳興劉氏嘉業堂藏書記"等印。第二批《國家珍貴古籍名錄》03142號。

明清刻本

　　明代是刻書史上又一鼎盛時期。就刻印方式而言，刻本、活字本、套印本一應俱全。就其時代特徵而言，大致以嘉靖、萬曆爲界，分爲三個時期，歷經承元、仿宋而終自成風格。明代刻本，雖校勘不甚精良，却亦裝潢精美，形式考究。清初刻書，承襲明末風格，字體長方、直粗橫細。康熙、乾隆年間，流行軟體寫刻，所刻精善之本，亦爲藏書家所重視。本書收錄館藏明清刻本六十一種。

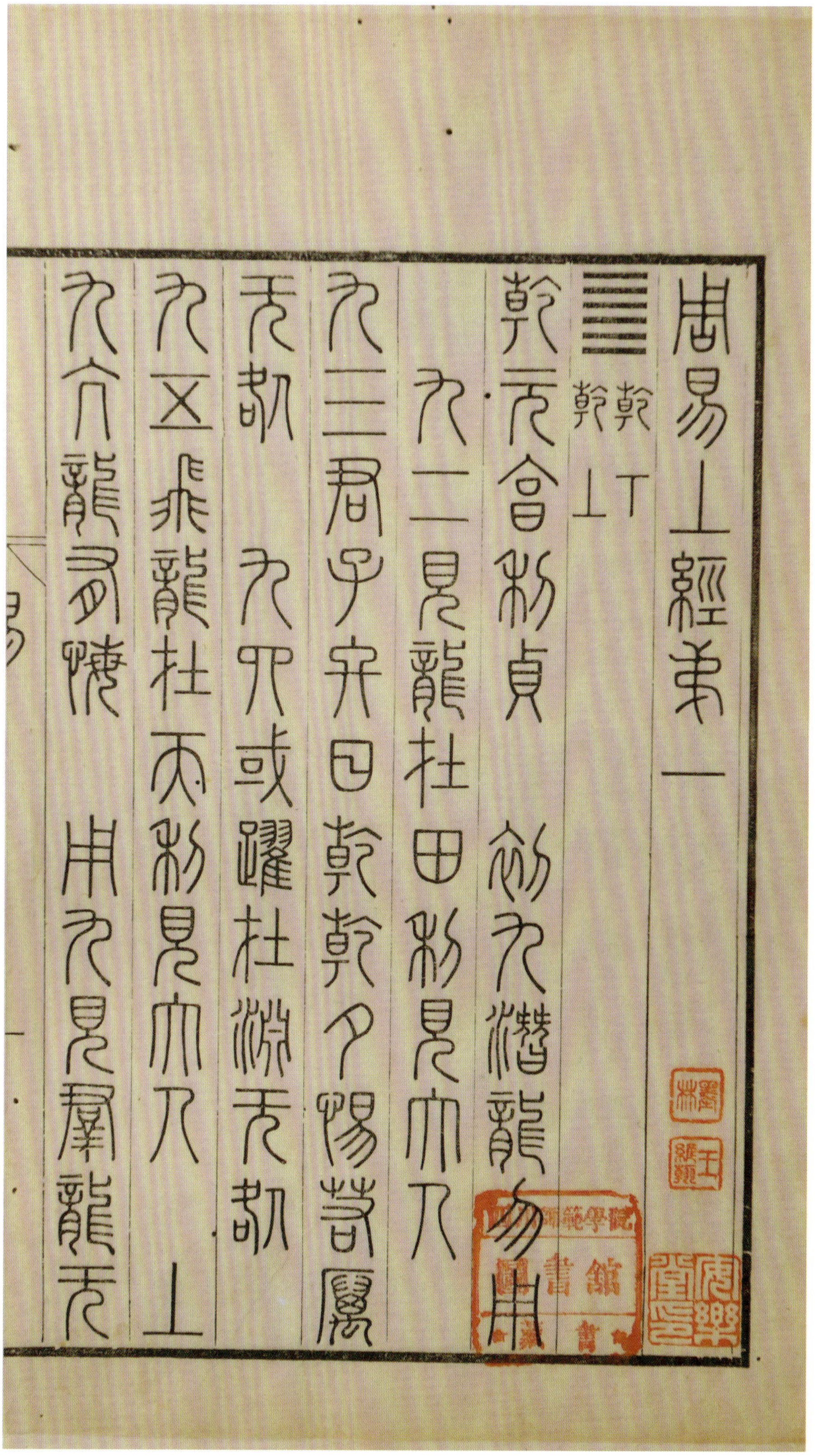
周易上經第一
䷀ 乾下乾上
乾元亨利貞 初九潛龍勿用
九二見龍在田利見大人
九三君子終日乾乾夕惕若厲
无咎 九四或躍在淵无咎
九五飛龍在天利見大人 上
九亢龍有悔 用九見羣龍无

圖 014

014　篆文六經四書六十三卷

［清］李光地等編

清康熙内府刻本（索書號：091/1272）

半葉八行，行十二字，白口，左右雙邊。框高22.2厘米，廣15.6厘米。有“安樂堂印”等印。

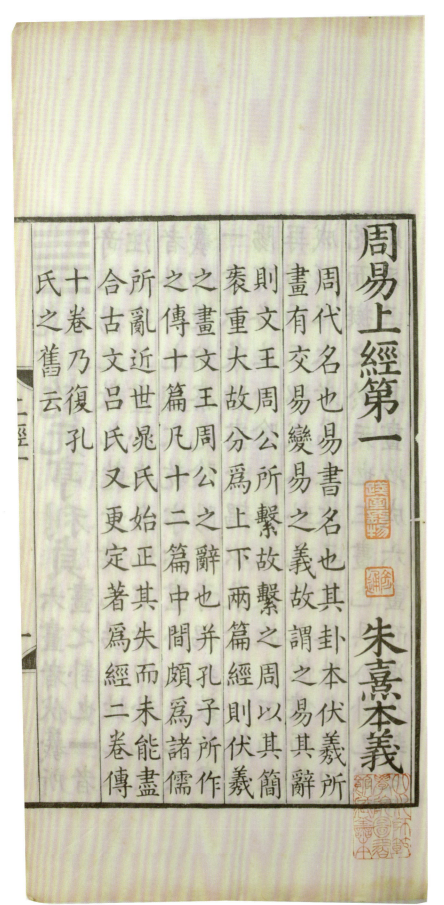

圖 015

015　周易本義經二卷傳
十卷易圖一卷五贊一卷筮儀
一卷

〔宋〕朱熹本義　清
康熙內府刻本（索書號：
121.17/2540）

半葉六行，行十五字，
小字雙行同，白口，左右雙
邊。框高24.1厘米，廣16.9
厘米。有"踐室長物""彥
通"等印。

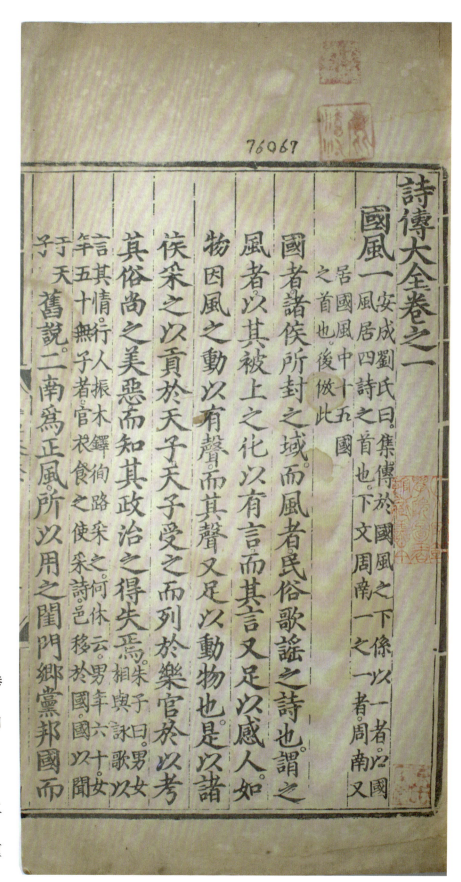

圖 016

016　詩傳大全二十卷
綱領一卷圖一卷

　　［明］胡廣等撰　明
永樂十三年（1415）
內府刻本（索書號：
831.116/1272）

　　半葉十行，行二十二
字，小字雙行同，黑口，
四周雙邊。框高26.5厘
米，廣18.0厘米。

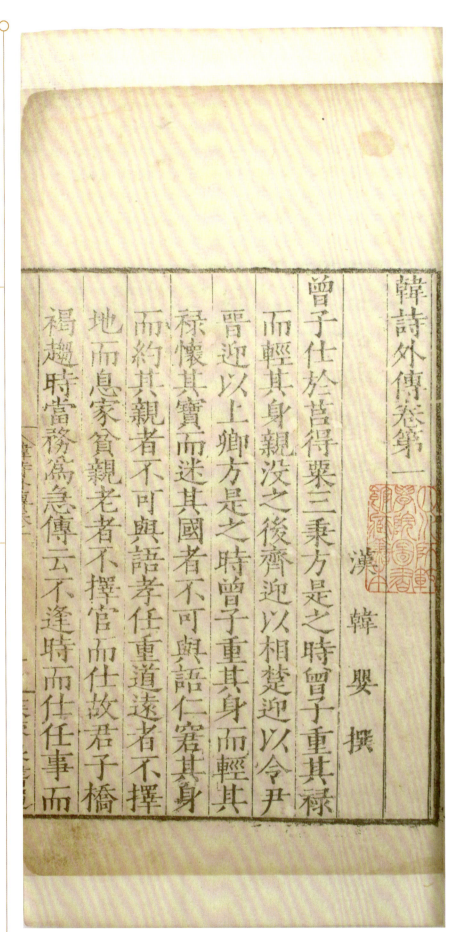

圖 017－1

017 韓詩外傳十卷

〔漢〕韓嬰撰 明嘉靖十八年（1539）薛來芙蓉泉書屋刻本（索書號：831.15/3023）

半葉九行，行十八字，白口，左右雙邊。框高18.1厘米，廣14.0厘米。第四批《國家珍貴古籍名錄》10065號。

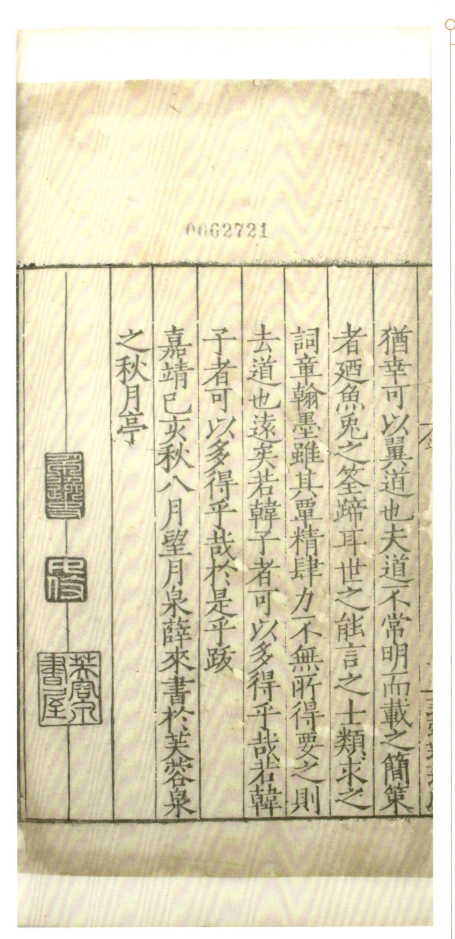

猶幸可以翼道也夫道不常明而載之簡策

者廼魚兔之筌蹄耳世之能言之士類求之

詞章翰墨雖其覃精肆力不無所得要之則

去道也遠矣若韓子者可以多得乎哉若韓

子者可以多得乎哉於是乎跋

嘉靖巳亥秋八月望月泉薛來書於芙蓉泉

之秋月亭

0062721

圖 017-2

27

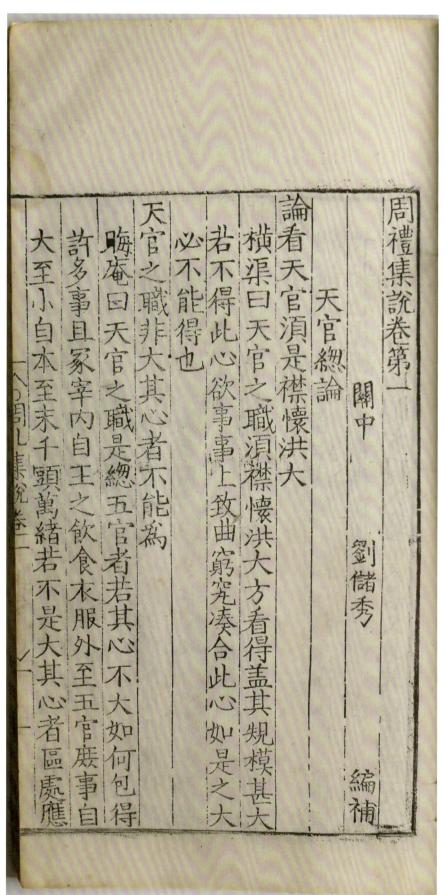

周禮集說卷第一

關中　劉儲秀　編補

天官總論

論看天官湏是襟懷洪大

橫渠曰天官之職湏襟懷洪大方看得蓋其規模甚大

若不得此心欲事事上致曲窮究湊合此心如是之大

必不能得也

天官之職非大其心者不能為

晦庵曰天官之職是總五官者若其心不大如何包得

許多事且家宰內自王之飲食衣服外至五官庶事自

大至小自本至末千頭萬緒若不是大其心者區處應

〇同上集覽卷二
〇同上

圖 018

018　周禮集說十一卷
綱領一卷

[元] 陳友仁輯　[明]
劉儲秀編補　明刻本（索
書號：573.1156/7222）

半葉十一行，行二十
二字，小字雙行，行字不
等，白口，四周單邊。框
高20.0厘米，廣13.0厘米。

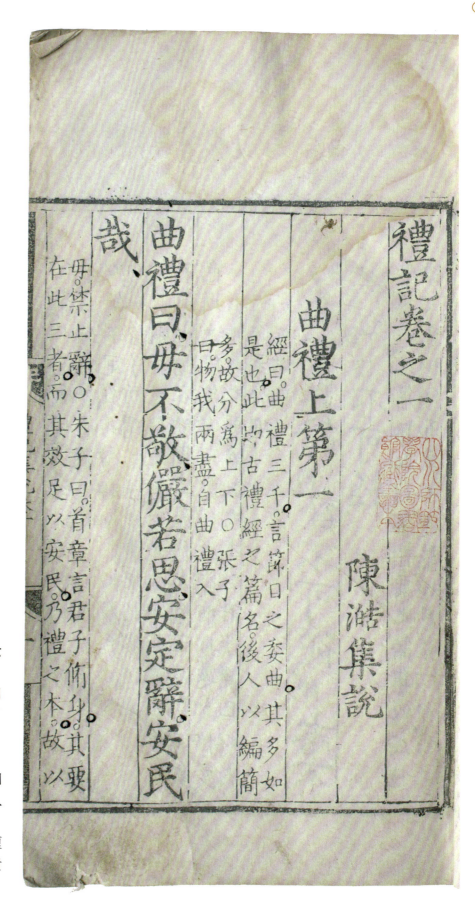

圖 019-1

019　禮記集説十六卷

　[元]陳澔撰　明正統十二年（1447）司禮監刻本（索書號：531.26/4310）

　半葉八行，行十四字，小字雙行，行十八字，黑口，四周雙邊。框高22.6厘米，廣16.2厘米。第三批《國家珍貴古籍名錄》07328號。

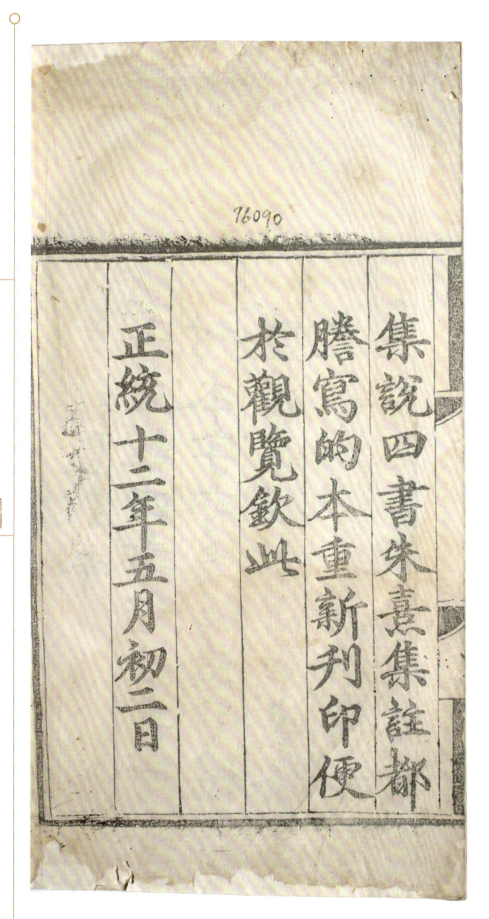

圖 019-2

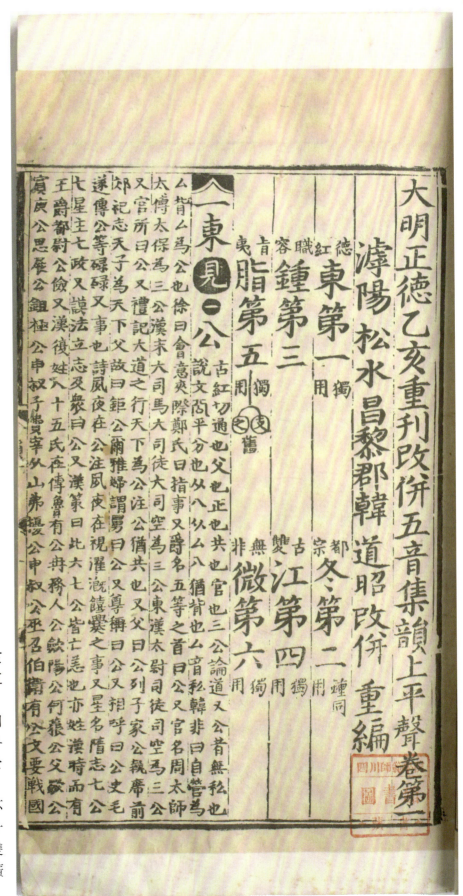

圖 020-1

020　大明正德乙亥
重刊改併五音集韻十五
卷

［金］韓道昭編　明
正德十年至十一年
（1515—1516）刻本（索
書號：802.425/4436）

半葉十行，行字不
等，小字雙行，行三十
二字，黑口，四周雙
邊。框高28.0厘米，廣
18.7厘米。

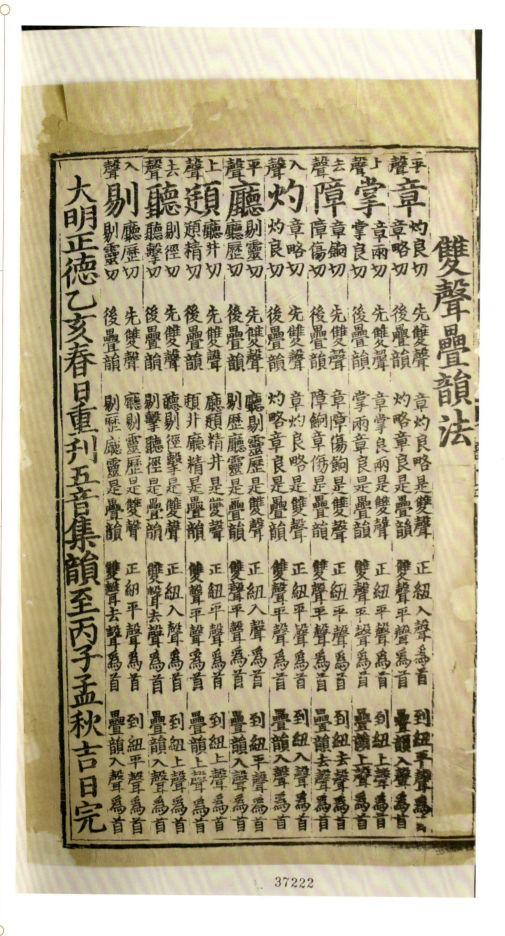

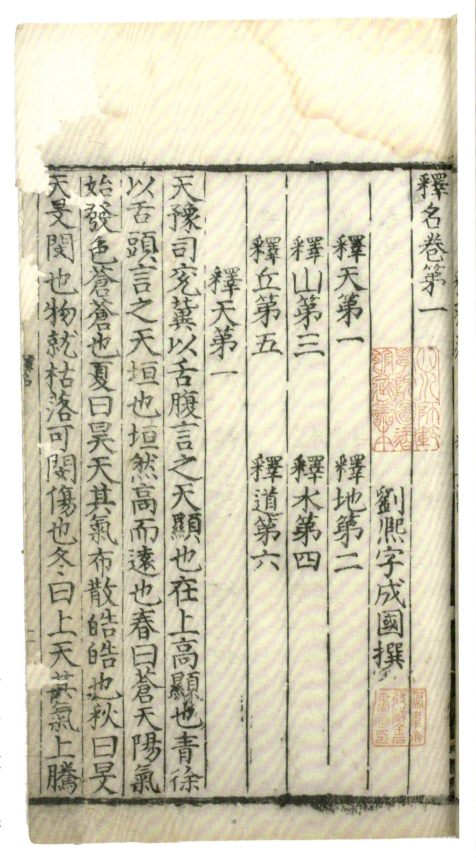

圖 021

021　釋名八卷

〔漢〕劉熙撰　明刻本

（索書號：802.1522/7277）

半葉十行，行二十字，白口，四周單邊。框高22.0厘米，廣15.3厘米。有天南遯叟識語，有"錢坫私印"等印。第三批《國家珍貴古籍名錄》07428號。

圖 022

022　歷代通鑑纂要九十二卷

　　［明］李東陽　劉機等撰　明正德二年（1507）內府刻本（索書號：610.2/7242）

　　半葉十行，行二十字，小字雙行同，黑口，四周雙邊。框高24.9厘米，廣17.1厘米。有"曾在吳惠春家"等印。第二批《國家珍貴古籍名錄》03740號。

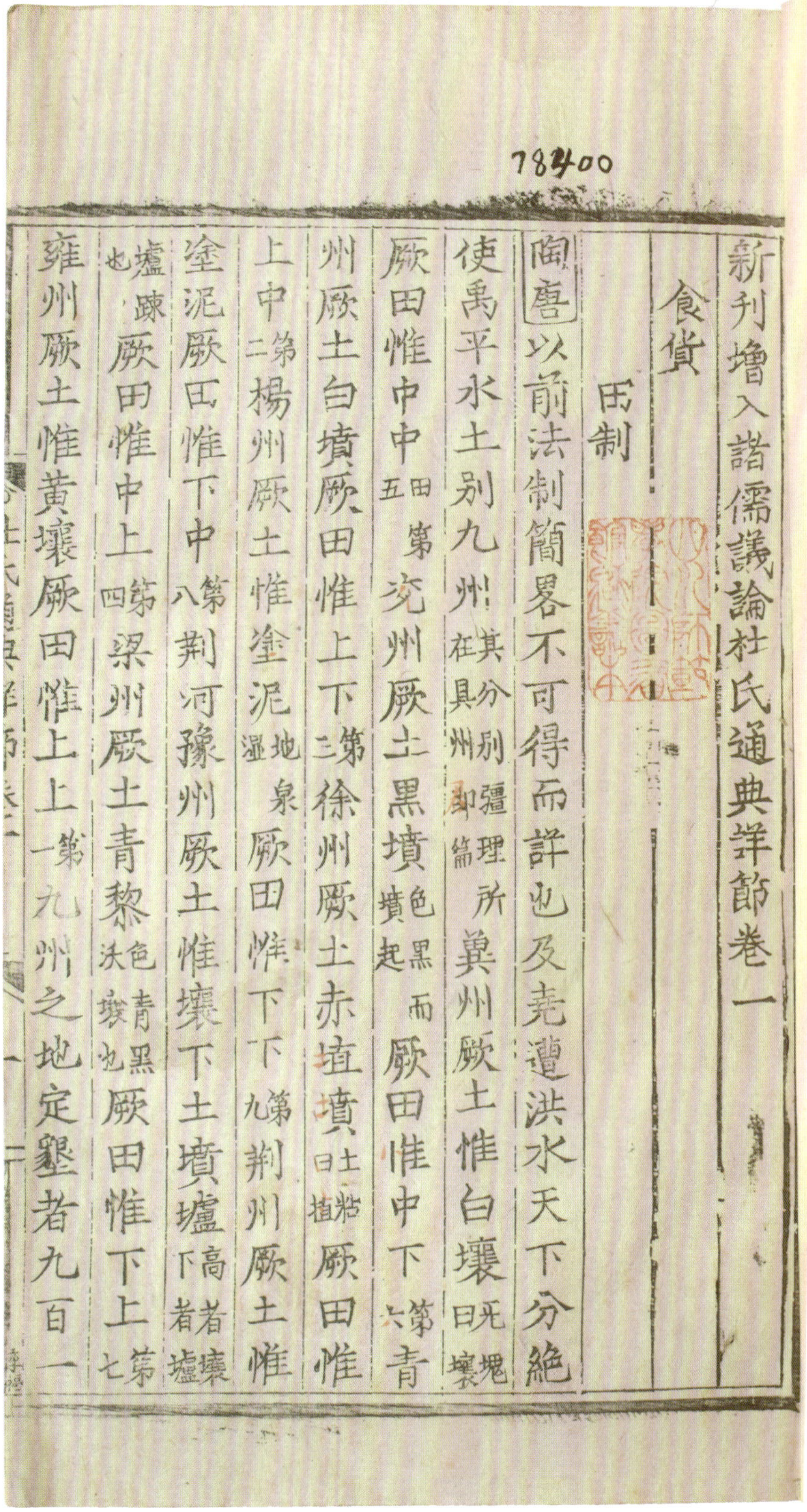

新刊增入諸儒議論杜氏通典詳節卷一

食貨

田制

陶唐以前法制簡畧不可得而詳也及堯遭洪水天下分絕

使禹平水土別九州 在冀州卽篇 其分别疆理所

冀州厥土惟白壤

厥田中中五田第 兖州厥土黑墳墳色黑而起 厥田惟中下六第青

州厥土白墳厥田惟上下第三 徐州厥土赤埴墳土曰植粘 厥田惟

上中二第 揚州厥土惟塗泥濕地泉 厥田惟下下九第 荊州厥土惟

塗泥厥田惟下中八第 荊河豫州厥土惟壤下土壤墳壚下者壚高者壤 厥田惟

壚疎也厥田惟中上四第 梁州厥土青黎沃壤色青黑 厥田惟下上七第

雍州厥土惟黄壤厥田惟上上第 九州之地定墾者九百一

圖 023

023　新刊增入諸儒議論杜氏通典詳節四十二卷（存卷一至三十四）

［唐］杜佑撰　明刻本

（索書號：573.1/4124）

半葉十一行，行二十三字，小字雙行同，黑口，四周雙邊。框高22.5厘米，廣16.5厘米。第三批《國家珍貴古籍名錄》08100號。

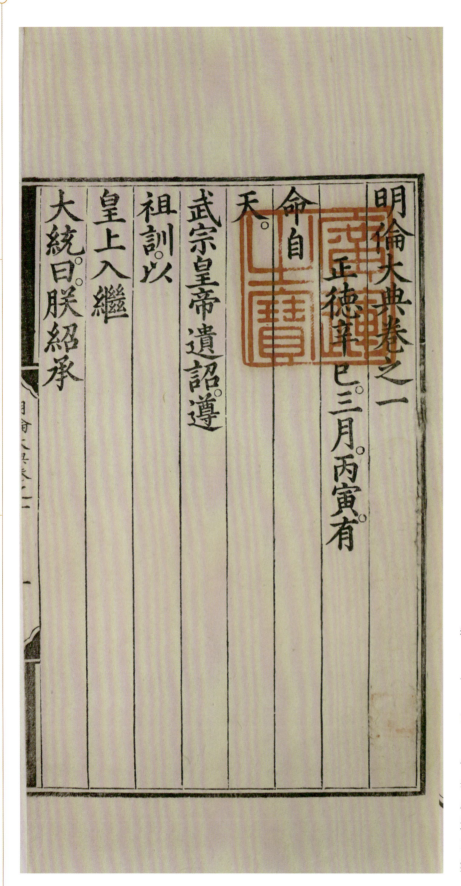

圖 024

024　明倫大典二十四卷

　　［明］楊一清　熊浹等纂修　明嘉靖七年（1528）內府刻本（索書號：193.09/4613）

　　半葉八行，行十八字，小字雙行，行字不等，粗黑口，四周雙邊。框高27.0厘米，廣18.0厘米。有"廣運之寶""欽文之璽"等印。第一批《國家珍貴古籍名錄》01613號。

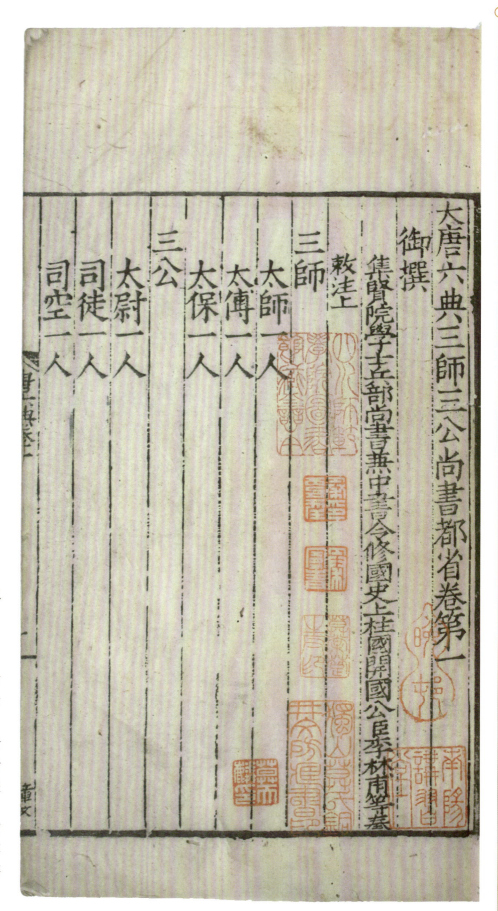

圖 025

025 大唐六典三
十卷

[唐] 李隆基撰
[唐] 李林甫等注
明正德十年（1515）席
書、李承勛刻本（索
書號：573.141/4045）

半葉十二行，行
二十字，小字雙行
同，白口，左右雙
邊。框高18.2厘米，
廣13.6厘米。有"南
陽講習堂"等印。第
二批《國家珍貴古籍
名錄》04232號。

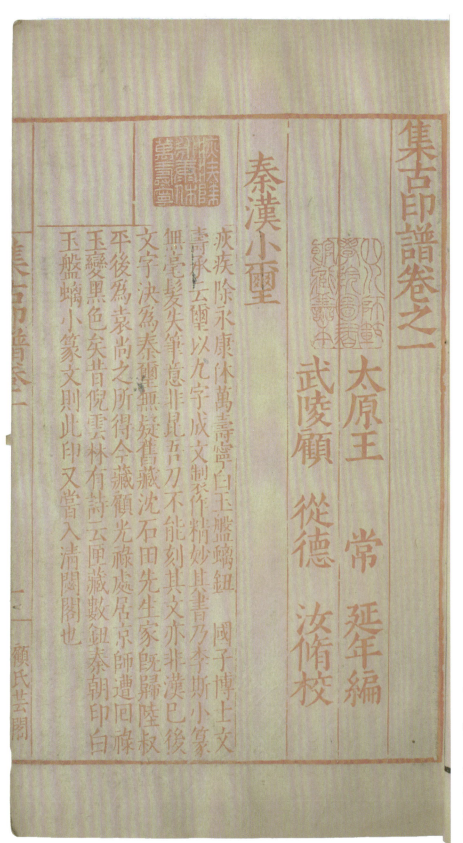

圖 026

026　集古印譜六卷

［明］王常編　明萬曆三年（1575）顧氏芸閣刻朱印本（索書號：931.7/7182）

半葉八行，行字不等，小字雙行，行字不等，細朱口，四周單邊。框高20.5厘米，廣13.5厘米。

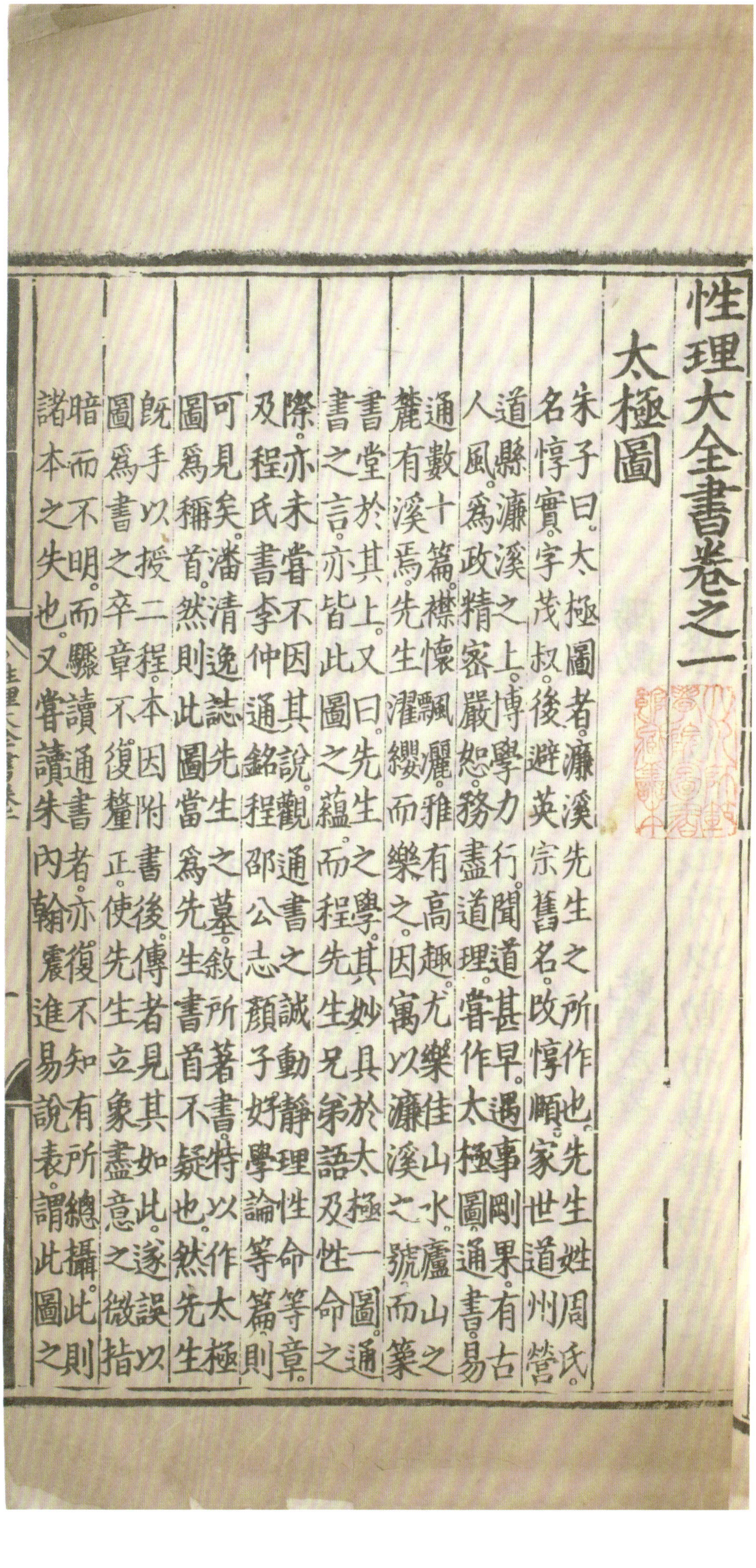

性理大全書卷之一

太極圖

朱子曰太極圖者濂溪先生之所作也先生姓周氏名惇實字茂叔後避英宗舊名改惇頤也先生世道州營人道縣濂溪為政精之上嚴博學恕務力盡行聞道理嘗其作早遇太極圖剛通書果有易古州營氏風懷濯飄纓麗而雅樂有高趣因寓尤樂濂溪之水號廬山簇之麓有數溪十篇為襟先生懷濯纓麗而雅樂之有高趣兄其弟於太極及性一命圖之通書書之堂言於其上此又圖曰之先生蘊而之程學先生妙好靜學理論性子動以等命篇等則章際亦程氏未嘗書不因通邵公書志之顏誠著不書疑特也然作先太生圖可見矣潘清然則逸本此誌圖先生當之為先墓生敘書首著立見象盡意之遂微誤指以圖既為手書以授之卒二章二程不復釐附正書使後先傳生者立見象盡意之遂微誤指此之則諸暗本而之不失明也又驟嘗讀讀通朱書內者亦翰震復進不易知說有表所謂此攝圖此之則

圖 027

027　性理大全書七十卷

[明]胡廣等撰

明永樂十三年（1415）內府刻本（索書號：125.02/4700）

半葉十行，行二十二字，小字雙行同，黑口，四周雙邊。框高25.8厘米，廣17.6厘米。第二批《國家珍貴古籍名錄》04452號。

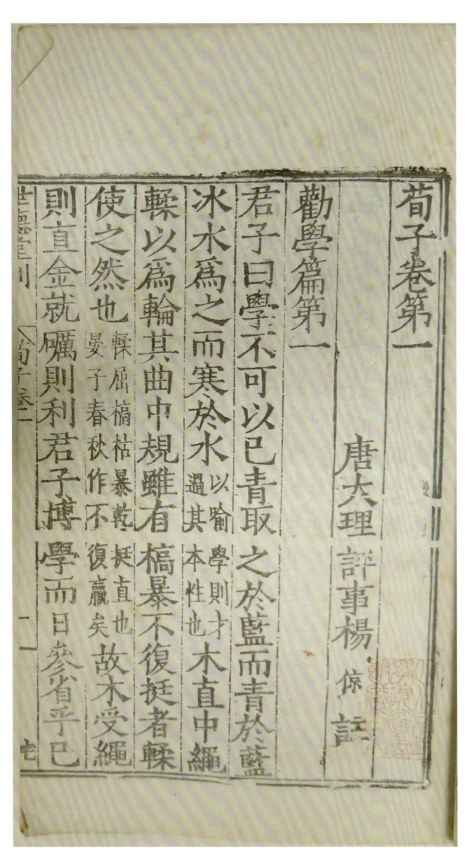

荀子卷第一

勸學篇第一

唐大理評事楊倞註

君子曰學不可以已青取之於藍而青於藍

冰水爲之而寒於水　以喻學則才本性也才木直中繩

輮以爲輪其曲中規雖有槁暴不復挺者輮

使之然也　晏子春秋作不復嬴矣　故木受繩

則直金就礪則利君子博學而日參省乎已

則知明而行無過矣

圖 028

028　荀子二十卷

〔唐〕楊倞注　明
世德堂刻本（索書號：
121.2741/4477）

半葉八行，行十七
字，小字雙行同，白
口，四周雙邊。框高20.3
厘米，廣14.2厘米。

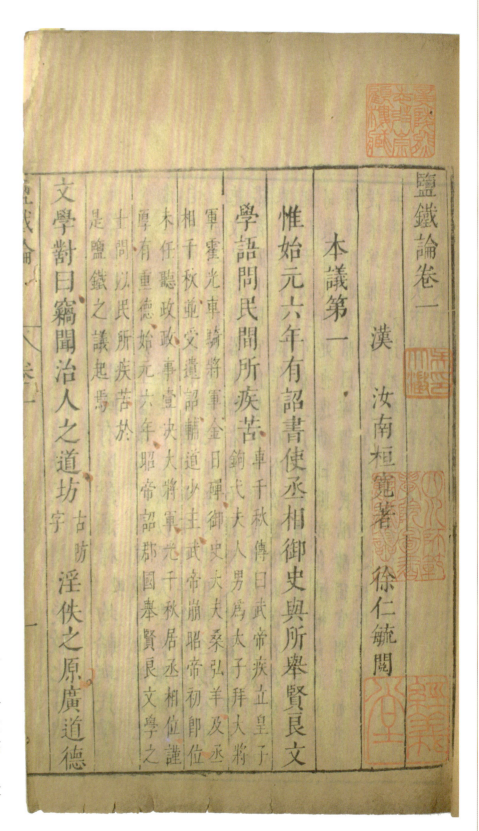

圖 029

029　鹽鐵論十二卷

〔漢〕桓寬撰　〔明〕
徐仁毓閱　明刻本（索
書號：122.3/4137）

半葉九行，行二十
字，小字雙行同，白
口，左右雙邊。框高
19.5厘米，廣14.3厘米。
有"經義堂""吳印大
澄"等印。

鹽鐵論卷一

漢　汝南桓寬著　徐仁毓閱

本議第一

惟始元六年有詔書使丞相御史與所舉賢良文
學語問民間所疾苦

車千秋傳曰武帝疾立皇子
鉤弋夫人男為太子拜大將
軍霍光車騎將軍金日磾御史大夫桑弘羊及丞
相千秋並受遺詔輔道少主武帝崩昭帝初即位
未任聽政政事壹決大將軍光千秋居丞相位謹
厚有重德始元六年昭帝詔郡國奉賢良文學之
士問以民所疾苦於
是鹽鐵之議起焉

文學對曰竊聞治人之道坊
淫佚之原廣道德

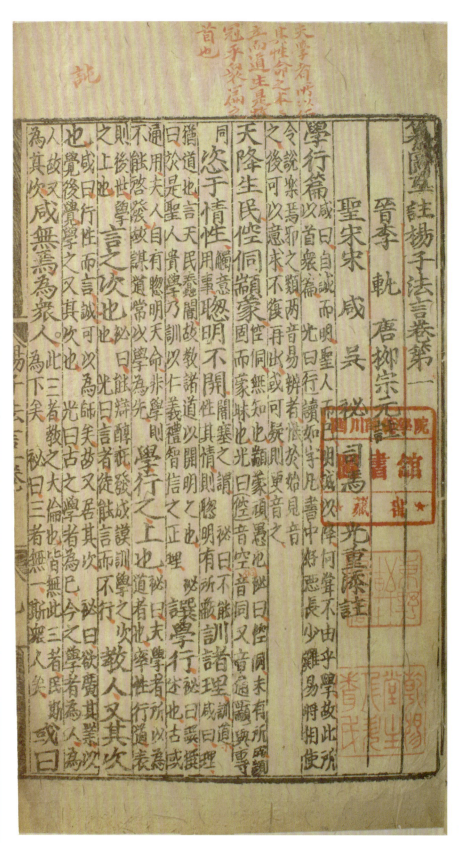

圖 030

030　纂圖互注楊子法言十卷

〔漢〕揚雄撰　〔晋〕李軌注　〔唐〕柳宗元注〔宋〕宋咸　吳祕　司馬光添注　明初刻本（索書號：122.530/5640）

半葉十二行，行二十六字，小字雙行同，黑口，四周雙邊。框高19.8厘米，廣13.3厘米。第三批《國家珍貴古籍名錄》08240號。

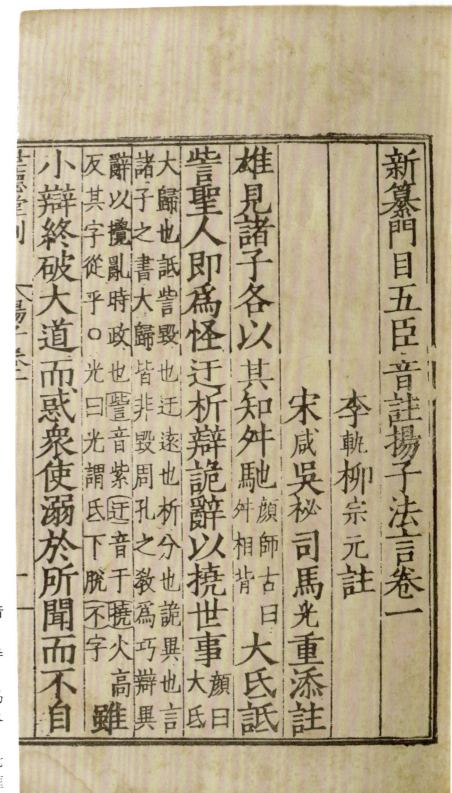

新纂門目五臣音註揚子法言卷一

李軌柳宗元註

宋咸吳祕司馬光重添註

雄見諸子各以其知舛馳顏師古曰舛相背大氏詆

譬聖人即爲怪迁析辯詭辭以撓世事大氏顏曰

大歸也詆誵毀也迁遠也析分也詭異也言諸子之書大歸皆非毀周孔之教爲巧辯異

辭以攪亂時政也譬音紫迁音于蹺火高雖光曰光謂氏下舛不字

反其字從乎○光曰光謂氏下舛不字

小辯終破大道而惑衆使溺於所聞而不自

圖 031

031　新纂門目五臣音
注揚子法言十卷
　　[漢]揚雄撰　[晋]李
軌注　　[唐]柳宗元注
[宋]宋咸　吳祕　司馬
光重添注　明世德堂刻本
（索書號：122.5/5640）
　　半葉八行，行十七
字，白口，四周雙邊。框
高20.2厘米，廣14.3厘米。

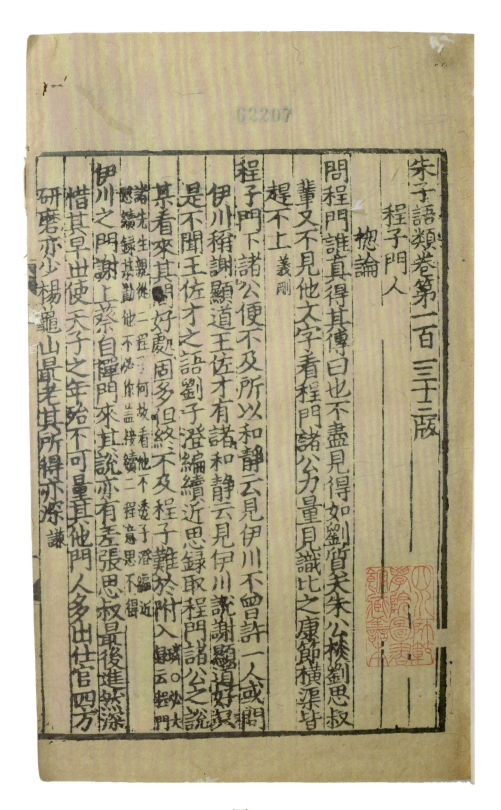

圖 032

032　朱子語類一百四十卷（存卷六十四、卷六十七至六十九、卷一百一至一百五、卷一百八至一百一十、卷一百二十）

［宋］黎靖德輯　明刻本（索書號：072.52/2540）

半葉十四行，行二十四字，小字雙行同，白口，左右雙邊。框高20.2厘米，廣15.6厘米。

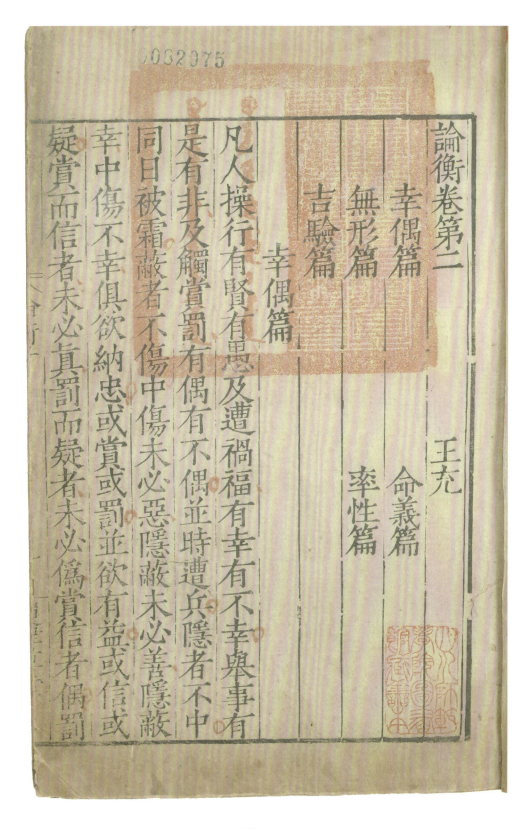

論衡卷第二

王充

幸偶篇
　古驗篇
　無形篇
　幸偶篇

命義篇
　率性篇

凡人操行有賢有愚及遭禍福有幸有不幸蟲事有

是有非及觸賞罰有偶有不偶並時遭兵隱者不中

同日被霜蔽者不傷中傷未必惡隱蔽未必善隱蔽

幸中傷不幸俱欲納忠或賞或罰並欲有益或信或

疑賞而信者未必真罰而疑者未必偽賞信者偶罰

圖 033

033　論衡三十卷

　〔漢〕王充撰　明嘉靖十四年（1535）通津草堂刻本（有鈔配，索書號：122.7/1000）

　半葉十行，行二十字，白口，左右雙邊。框高19.8厘米，廣14.6厘米。有"衡山秘笈""衡山陳榘"等印。

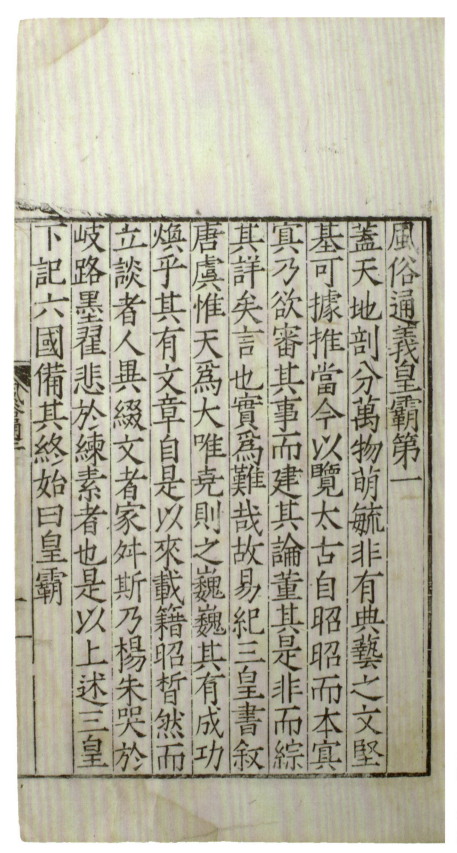

圖 034

034 風俗通義十卷

［漢］應劭撰 明嘉靖刻本（索書號：538.822/0024）

半葉十行，行十六字，白口，左右雙邊。框高16.8厘米，廣13.0厘米。

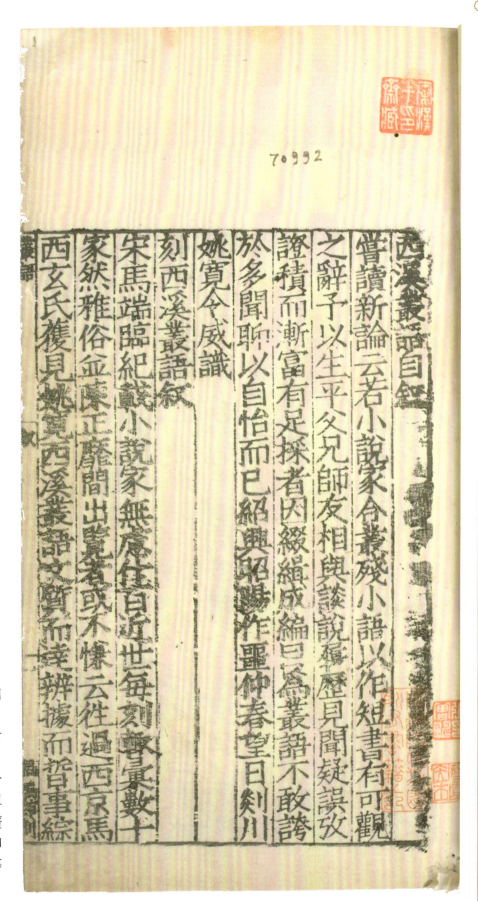

圖 035-1

035　西溪叢語二卷

［宋］姚寬撰　明嘉靖二十七年（1548）俞憲鵁鳴館刻本（索書號：857.352/4230）

半葉十行，行二十一字，白口，四周單邊。框高18.2厘米，廣13.0厘米。有"秦漢十印齋藏""張印曾疇"等印。

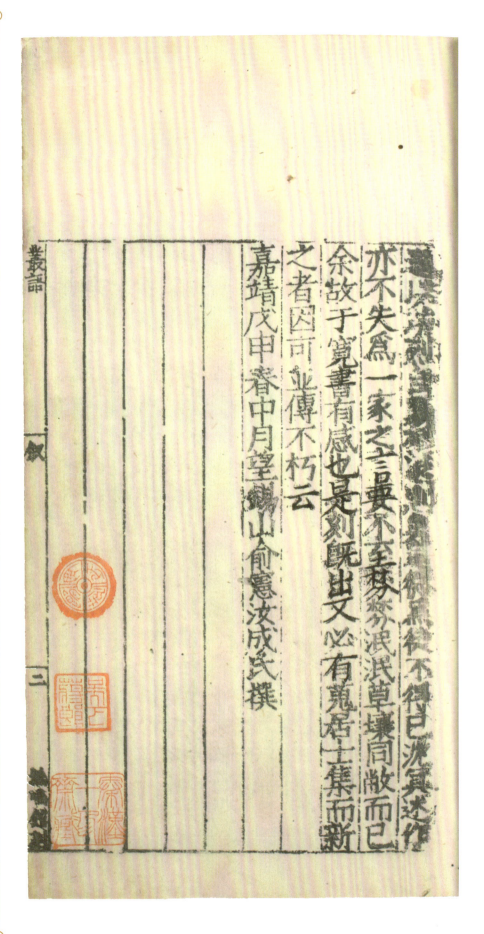

圖 035-2

余故于覽書有感也是劉既出文必有蒐哲士集而新

亦不失為一家之言要不至于泯泯草壞同敝而已

之者因可並傳不朽云

嘉靖戊申春中月望錫山俞憲汝成氏撰

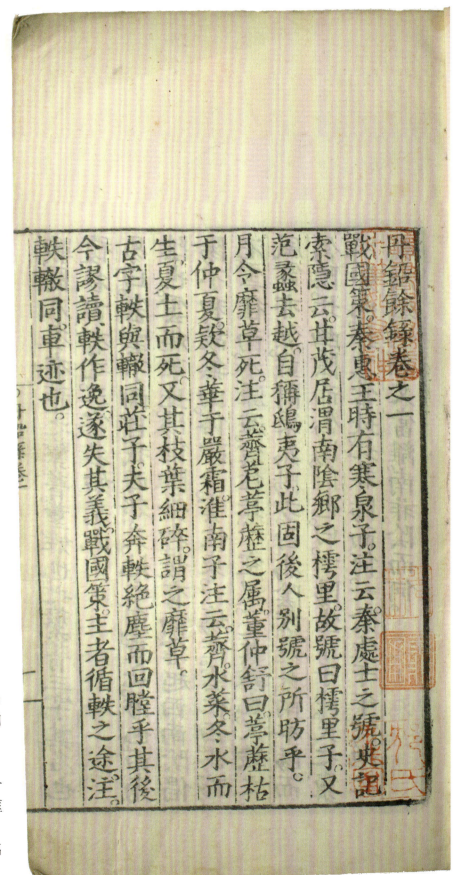

圖 036

036　丹鉛餘錄十七卷

［明］楊慎撰　明嘉靖刻本（索書號：071.6/4624）

半葉十行，行二十字，白口，四周單邊。框高18.7厘米，廣13.6厘米。第三批《國家珍貴古籍名錄》08524號。

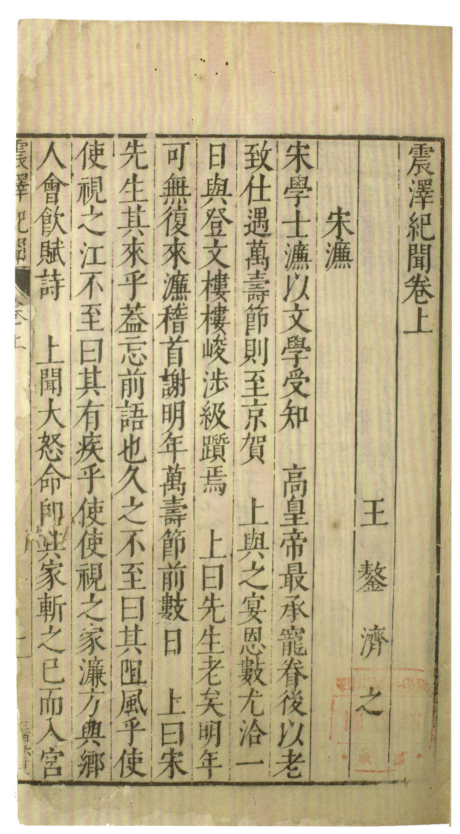

震澤紀聞卷上

王鏊濟之

宋濂

宋學士濂以文學受知 高皇帝最承寵眷後以老致仕遇萬壽節則至京賀 上與之宴恩數尤洽一日與登文樓樓峻陟級躓焉 上曰先生老矣明年可無復來濂稽首謝明年萬壽節前數日 上曰宋先生其來乎蓋忘前語也久之不至曰其咽風乎使使視之江不至曰其有疾乎使使視之家濂方典鄉人會飲賦詩 上聞大怒命即其家斬之已而入宮人會飲賦詩 上聞大怒命即其家斬之已而入宮

圖 037

037　震澤紀聞二卷
〔明〕王鏊撰
續震澤紀聞一卷
〔明〕王禹聲撰　明萬曆刻本（索書號：857.36/1058）
半葉十行，行二十字，白口，四周單邊。框高20.7厘米，廣14.0厘米。

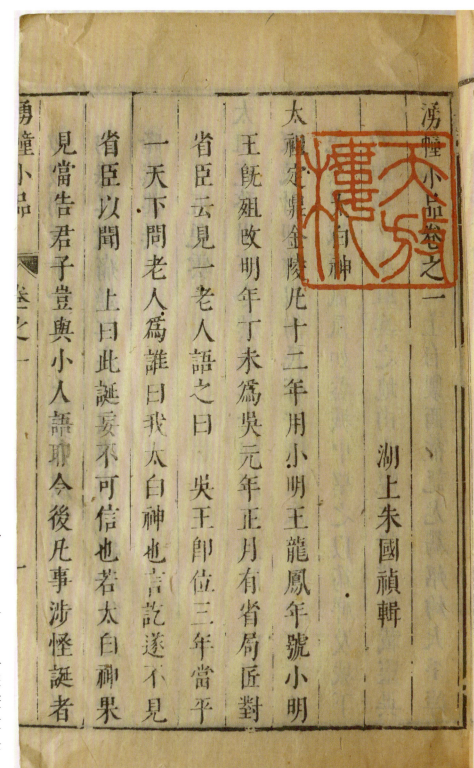

圖 038

038　涌幢小品三十二卷

〔明〕朱國禎輯

明天啟二年（1622）清美堂刻本（索書號：857.16/2513）

半葉九行，行二十字，白口，左右雙邊。框高20.8厘米，廣15.0厘米。有"天放樓""虞山沈氏希任齋劫餘"等印。

涌幢小品卷之一

湖上朱國禎輯

太祖定鼎金陵凡十二年用小明王龍鳳年號小明王旣殂改明年丁未爲吳元年正月有省局匠對省臣云見一老人語之曰

吳王郎位三年當平

一天下問老人爲誰曰我太白神也言訖遂不見

省臣以聞上曰此誕妄不可信也若太白果見當告君子豈與小人語耶今後凡事涉怪誕者

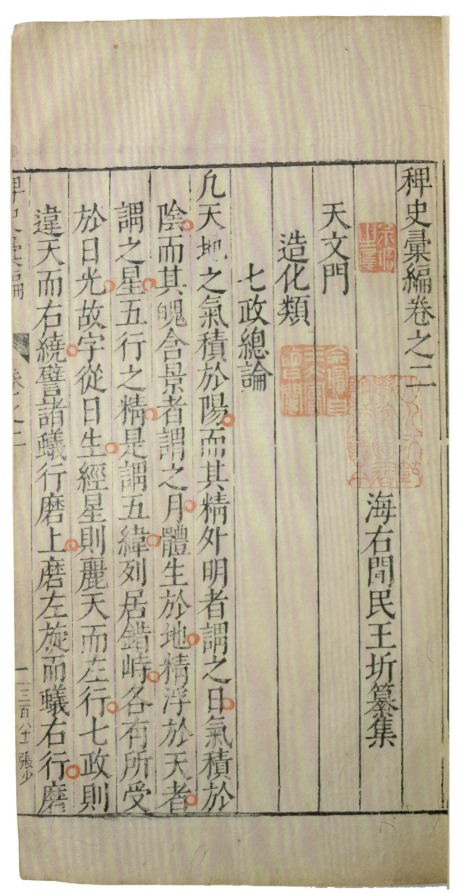

稗史彙編卷之二十一

天文門

造化類

七政總論

海右間民王圻纂集

凡天地之氣積於陽而其精外明者謂之日氣積於
陰而其魄含景者謂之月體生於地精浮於天者
謂之星五行之精是謂五緯列居錯峙各有所受
於日光故字從日生經星則麗天而左行七政則
遠天而右繞璧諸蟻行磨上蟻左旋而蟻右行磨

一百八十張少

圖 039

039 稗史彙編一百
七十五卷

［明］王圻纂集 明
萬曆刻本（索書號：
041/1042）

半葉十行，行二十
字，小字雙行同，白
口，左右雙邊。框高20.3
厘米，廣14.3厘米。有
"劉印承幹"等印。

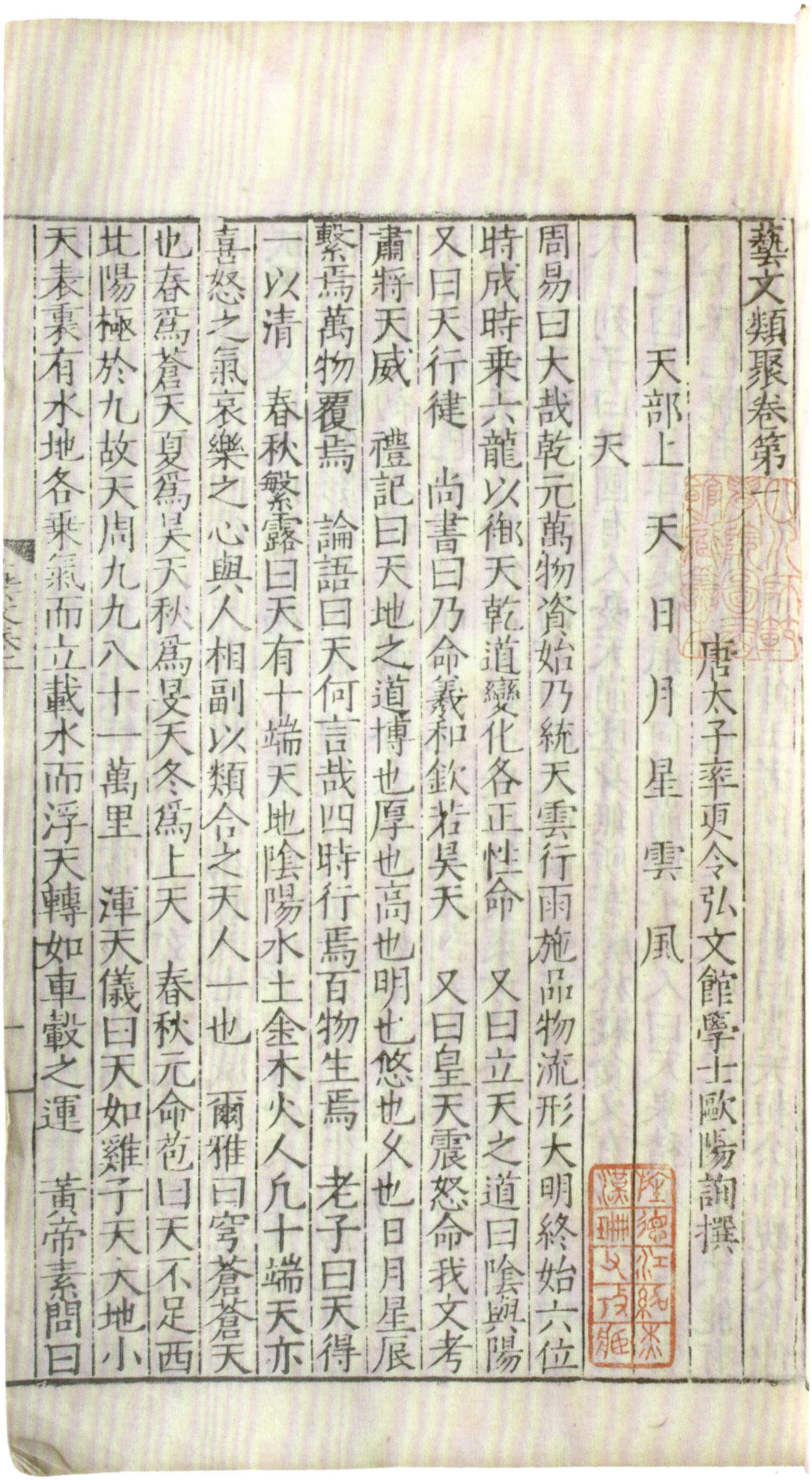

藝文類聚卷第□

唐太子率更令弘文館學士歐陽詢撰

天部上　天日月星雲風

天

周易曰大哉乾元萬物資始乃統天雲行雨施品物流形大明終始六位
時成時乘六龍以御天乾道變化各正性命　又曰立天之道曰陰與陽
又曰天行健　尚書曰乃命羲和欽若昊天　又曰皇天震怒命我文考
肅將天威　禮記曰天地之道博也厚也高也明也悠也久也日月星辰
繫焉萬物覆焉　論語曰天何言哉四時行焉百物生焉　老子曰天得
一以清　春秋繁露曰天有十端天地陰陽水土金木火人凡十端天亦
喜怒之氣哀樂之心與人相副以類合之天人一也　爾雅曰穹蒼蒼天
也　春為蒼天夏為昊天秋為旻天冬為上天　春秋元命苞曰天不足西
北陽極於九故天周九九八十一萬里　渾天儀曰天如雞子天大地小
天表裏有水地各乘氣而立載水而浮天轉如車轂之運　黃帝素問曰

圖 040

040　藝文類聚一百卷

［唐］歐陽詢撰　明嘉靖六年至七年（1527—1528）胡纘宗、陸采刻本（索書號：041.411/7770）

半葉十四行，行二十八字，白口，左右雙邊。框高22.3厘米，廣16.0厘米。有"南州孺子""旌德江紹杰漢珊父攷藏"等印。第二批《國家珍貴古籍名錄》04832號。

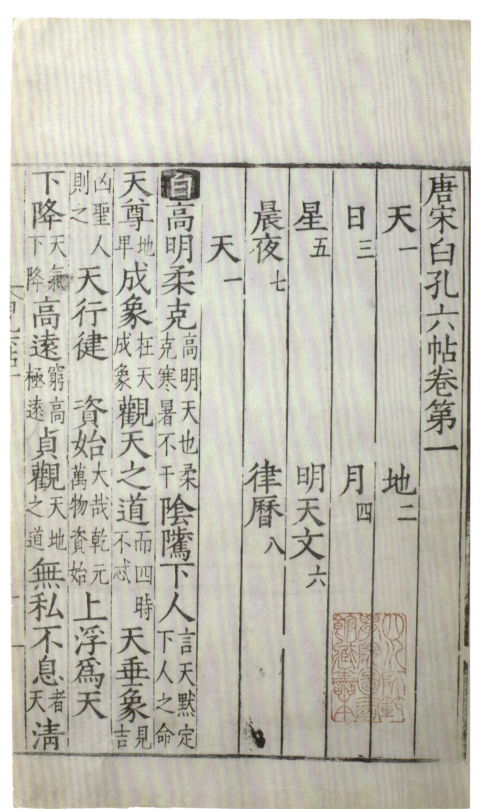

圖 041

041　唐宋白孔六帖一百卷目錄二卷

［唐］白居易輯
［宋］孔傳輯　明嘉靖刻本（索書號：041.51/2676）

半葉十行，行十八字，小字雙行同，白口，左右雙邊。框高19.0厘米，廣15.2厘米。有"潘氏子仁""念祖堂藏書印""玉蘭書屋"等印。第四批《國家珍貴古籍名錄》10525號。

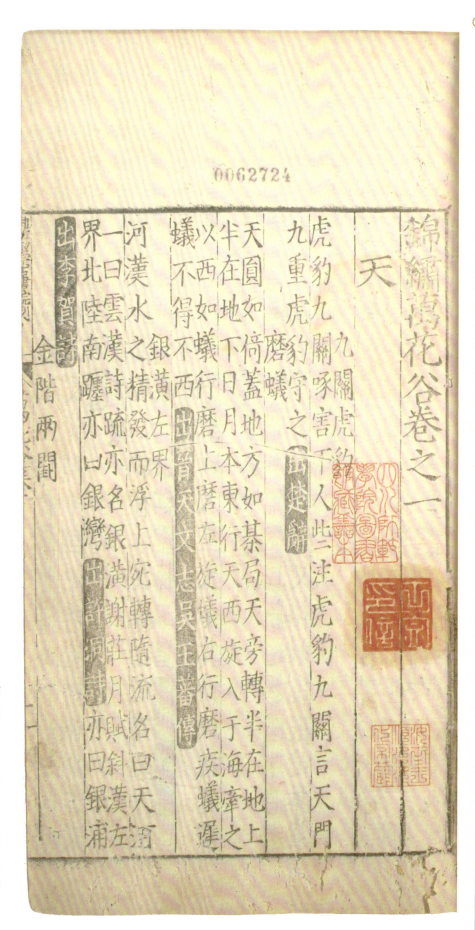

圖 042

042　錦繡萬花谷前
集四十卷後集四十卷續
集四十卷

　[宋]佚名編　明
嘉靖十四年（1535）徽
藩崇古書院刻本（索書
號：041/8027）

　半葉九行，行十七
字，小字雙行同，白
口，四周單邊。框高22.9
厘米，廣15.6厘米。

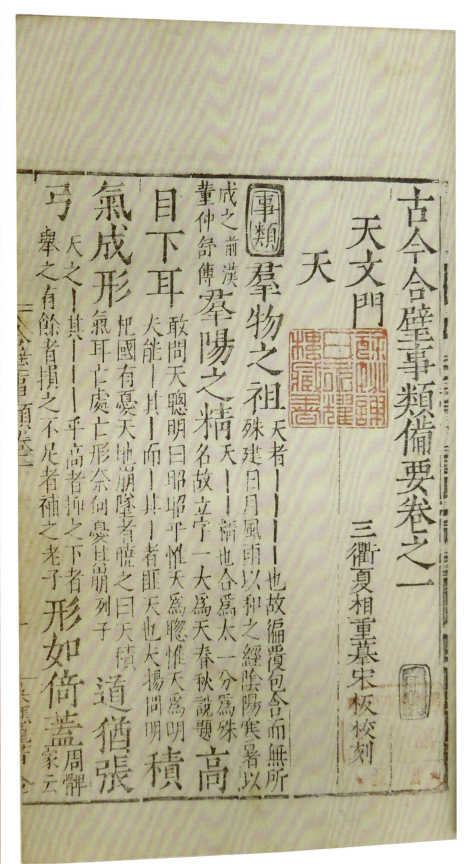

圖 043

043　古今合璧事類
備要前集六十九卷續集
五十六卷
　［宋］謝維新輯
　古今合璧事類備要外
集六十六卷
　［宋］虞載輯　明嘉
靖三十五年（1556）衢
州夏相刻本（索書號：
041.52/0420）
　半葉八行，行字不
等，小字雙行，行二十
四字，白口，左右雙
邊。框高19.9厘米，廣
14.0厘米。有"吳興抱經
樓藏""餘姚謝氏永耀
樓藏書"等印。

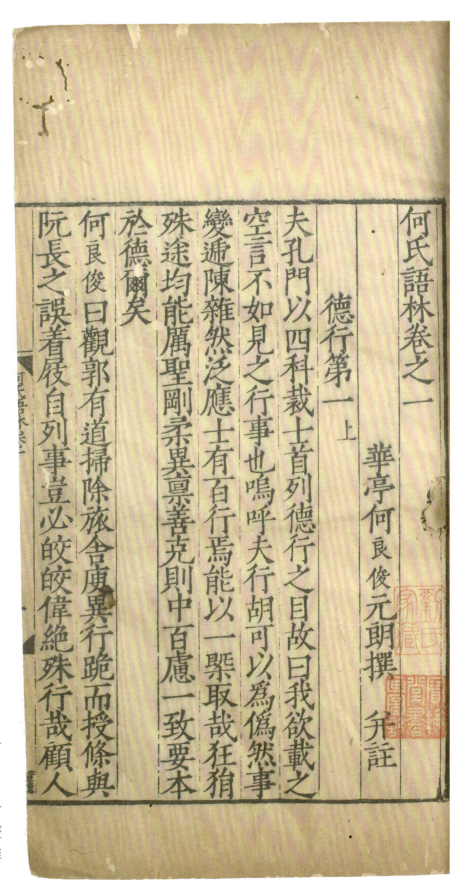

圖 044

044 何氏語林三十卷

［明］何良俊撰注

明嘉靖二十九年（1550）何氏清森閣刻本（索書號：857.3/2113）

半葉十行，行二十字，小字雙行同，白口，左右雙邊。框高20.5厘米，廣15.3厘米。有"古羊劉氏惟吉""中憲大夫"等印。

何氏語林卷之一

華亭何良俊元朗撰

升註

德行第一 上

夫孔門以四科裁士首列德行之目故曰我欲載之空言不如見之行事也嗚呼夫行胡可以為偽然事變逓陳雜然泛應士有百行焉能以一槩取哉狂狷殊途均能屬聖剛柔異稟善克則中百慮一致要本於德爾矣

何良俊曰觀郭有道掃除旅舍庾異行跪而授條與阮長之誤着襪自列事豈必皎皎偉絕殊行哉顧人

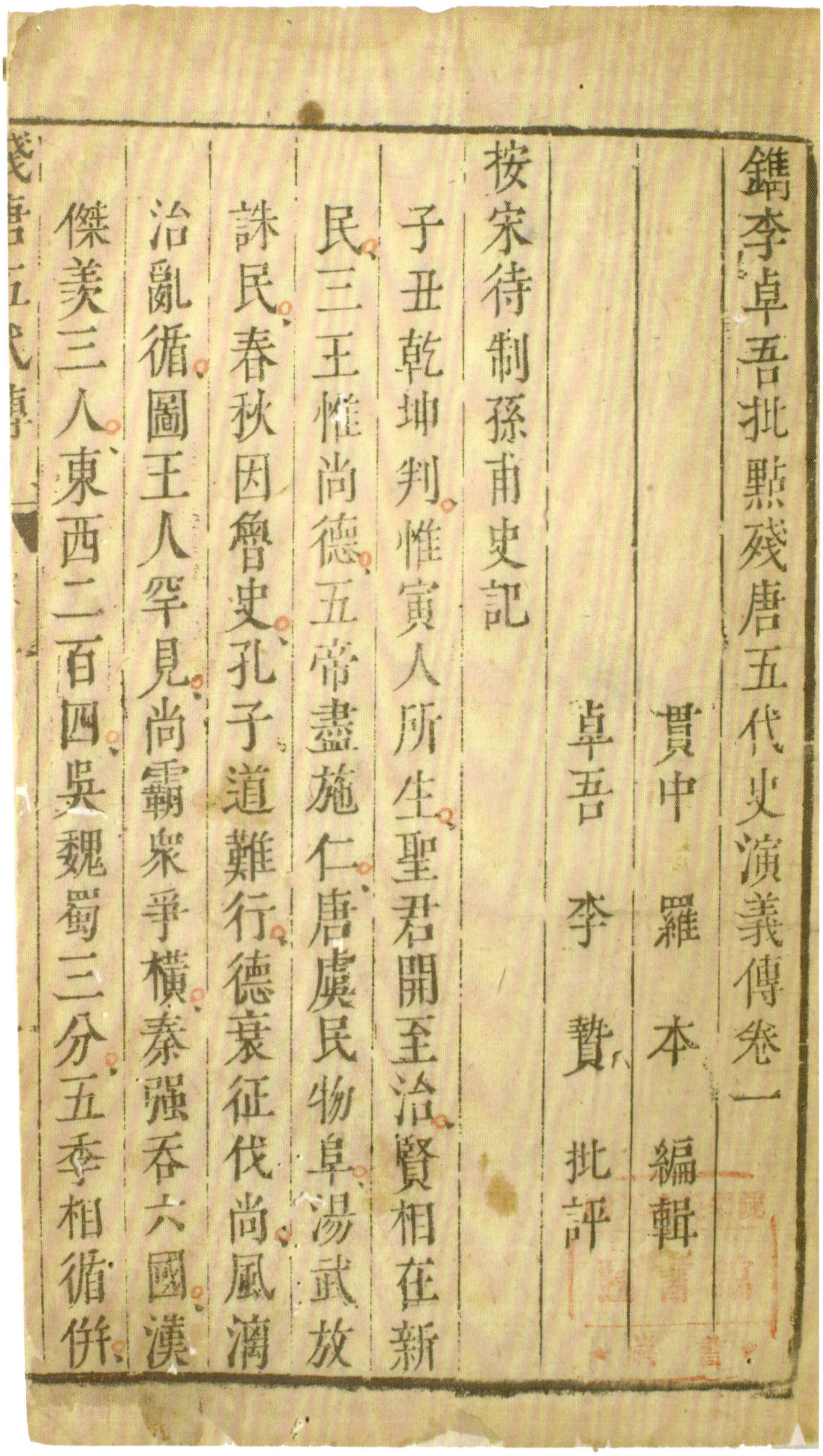

鐫李卓吾批點殘唐五代史演義傳卷一

貫中羅本編輯

卓吾李贄批評

按宋待制孫甫史記

子丑乾坤判惟寅人所生聖君開至治賢相在新

民三王惟尚德五帝盡施仁唐虞民物阜湯武放

誅民春秋因魯史孔子道難行德裒征伐尚風漓

治亂循圖王人罕見尚霸衆爭橫泰強吞六國漢

傑羡三人、東西二百四吳魏蜀三分五季相循俟

殘唐五代傳

圖 045-1

045 鐫李卓吾批點殘唐五代史演義傳八卷六十四回

［明］羅本編辑 ［明］李贄批評 明末刻本（索書號：857.457/6075）

半葉九行，行二十字，白口，四周單邊。框高20.3厘米，廣13.7厘米。

存孝病挟高思继

圖 045-2

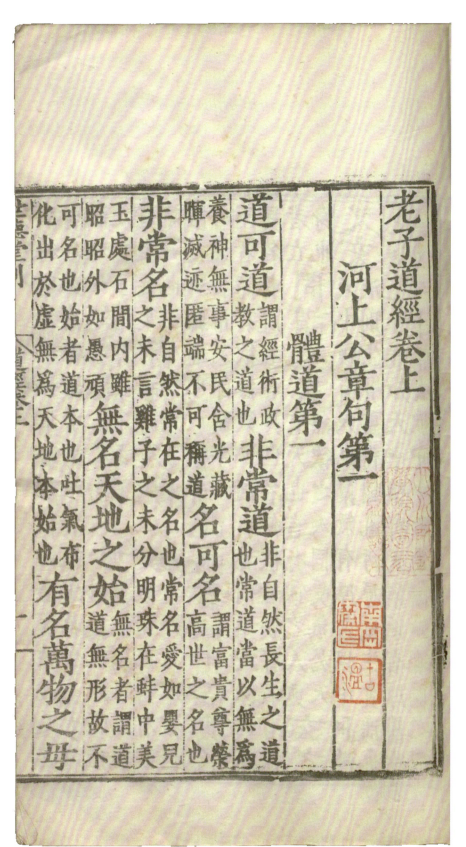

老子道經卷上

河上公章句第一

體道第一

道可道　謂經術政教之道也　非常道　非自然長生之道也　常道當以無為
養神無事安民舍光藏暉滅迹匿端不可為道　名可名　謂富貴尊榮高世之名也　非常名　非自然常在之名也　常名當如嬰兒之未言雞子之未分明珠在蚌中美玉處石間內雖昭昭外如愚頑
無名天地之始　無名者謂道道無形故不可名也始者道本也吐氣布化出於虛無為天地本始也
有名萬物之母

圖 046

046　老子道德經二卷

題〔漢〕河上公章句　明世德堂刻本（索書號：121.3121/4031）

半葉八行，行十七字，小字雙行同，白口，四周雙邊。框高19.3厘米，廣14.4厘米。有"南岡秦氏"等印。

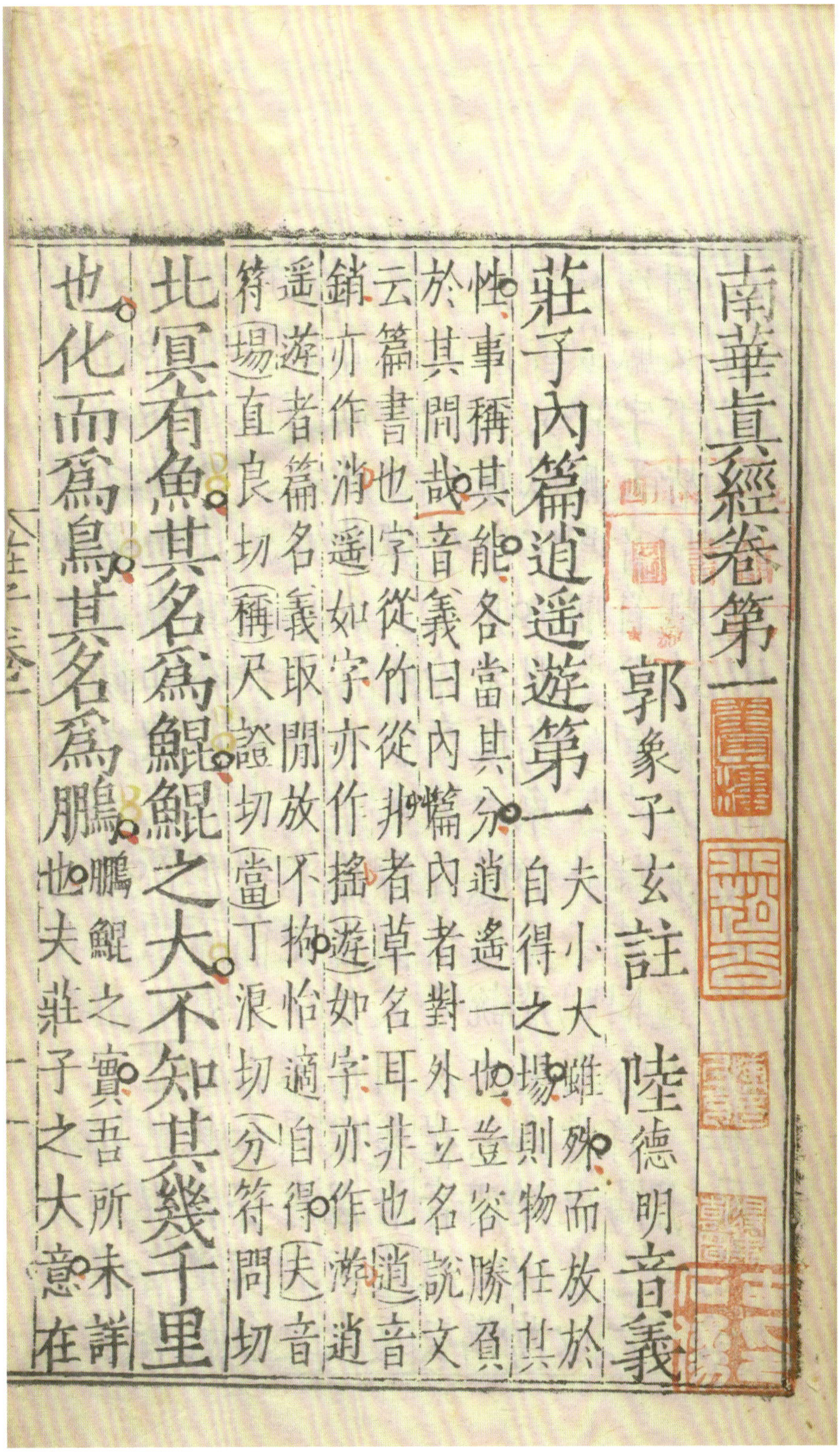

南華眞經卷第一
郭象子玄註　陸德明音義
莊子內篇逍遙遊第一　夫小大雖殊而放於自得之場則物任其性事稱其能各當其分逍遙一也豈容勝負於其間哉音義曰內篇內者對外立名說文云篇書也字從竹從糸者草名耳非也逍音銷亦作消遙如字亦作搖遊如字亦作游逍遙遊者篇名義取閒放不拘怡適自得夫音符場直良切稱尺證切當丁浪切分符問切
北冥有魚其名爲鯤鯤之大不知其幾千里也化而爲鳥其名爲鵬　鵬鯤之實吾所未詳也夫莊子之大意在

圖 047

047　南華真經十卷

［晋］郭象注　［唐］陸德明音義　明世德堂刻本（索書號：121.3331/4477）

半葉八行，行十七字，小字雙行同，白口，四周雙邊，單白魚尾。框高19.9厘米，廣14.2厘米。

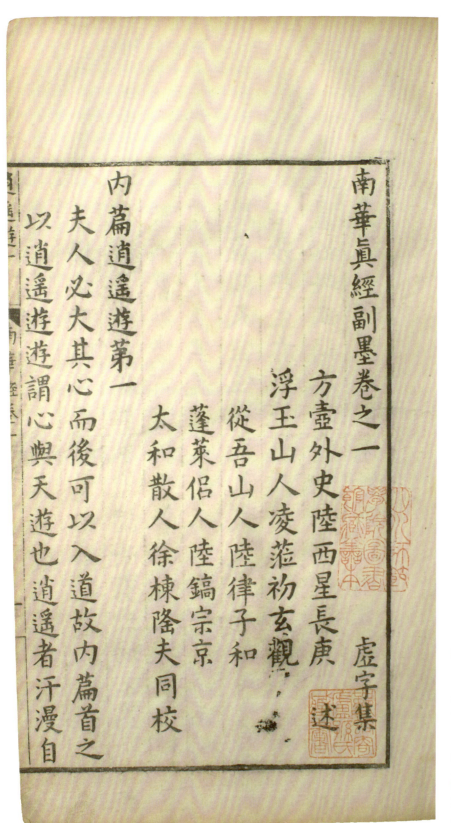

圖 048

048　南華真經副墨八卷讀南華經雜說一卷

　　［明］陸西星述　明萬曆六年（1578）刻本（索書號：121.336/7477）

　　半葉九行，行十八字，白口，四周單邊。框高22.0厘米，廣13.0厘米。有"鄞蝸寄廬孫氏藏書"等印。

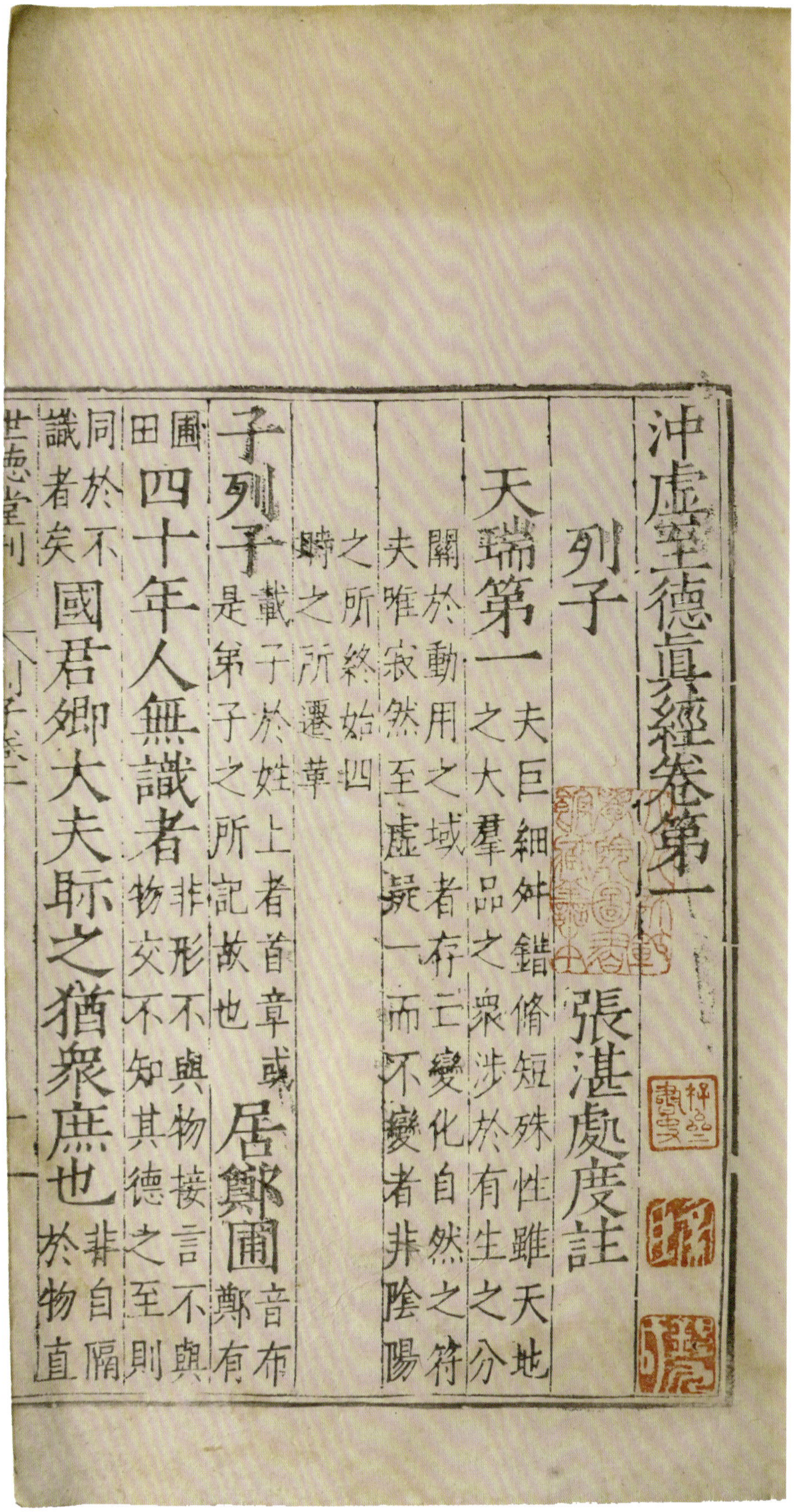

圖 049

049　冲虛至德真經
八卷

［晋］張湛注　明
世德堂刊本（索書號：
121.32/1223）

半葉八行，行十七
字，小字雙行同，白
口，四周雙邊。框高19.5
厘米，廣14.2厘米。

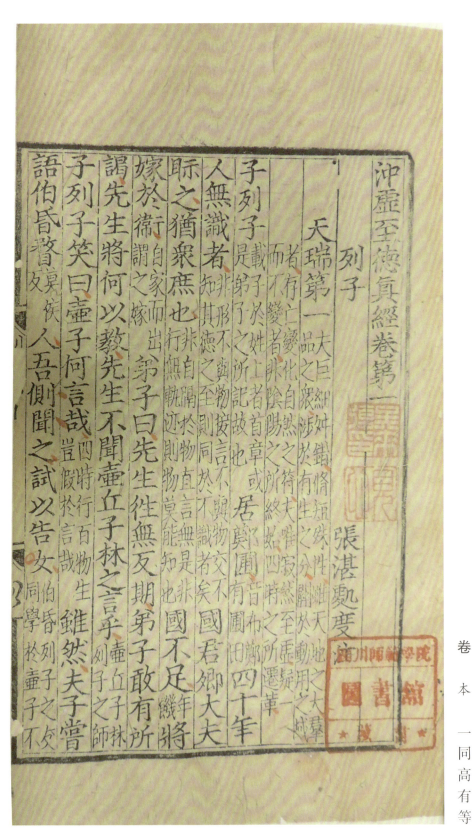

050　冲虛至德真經八卷

〔晋〕張湛注　明初刻本（索書號：121.3231/1227）

半葉十一行，行二十一至二十二字，小字雙行同，黑口，四周雙邊。框高18.1厘米，廣12.1厘米。有"見心""吳來復印"等印。

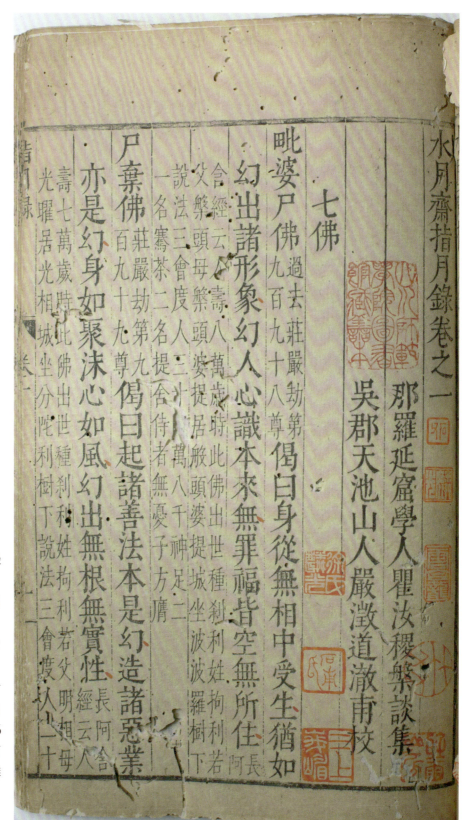

圖 051

051　水月齋指月錄三十二卷

[明]瞿汝稷集　明萬曆二十九年（1601）嚴澂、嚴澤等刻本（索書號：226.607/6632）

半葉十一行，行二十一字，小字雙行同，白口，四周單邊。框高29.6厘米，廣22.2厘米。有"三上峨嵋""徐氏麟光"等印。

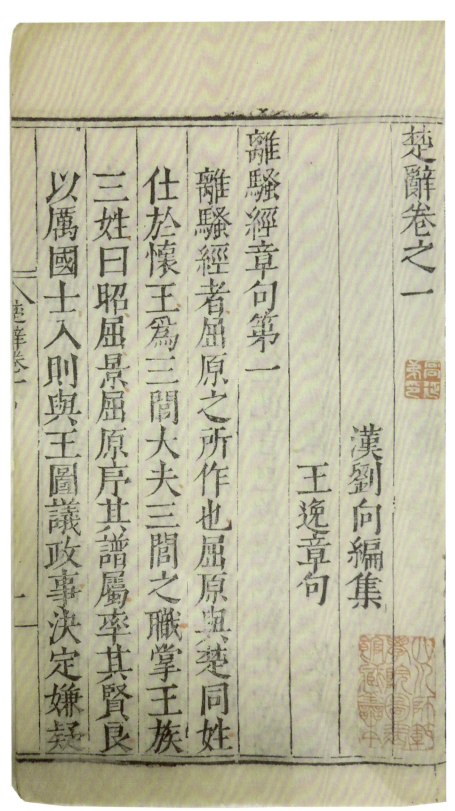

圖 052

052　楚辭十七卷

［漢］劉向編集　［漢］
王逸章句　明嘉靖刻本
（索書號：832.122/2220）

半葉八行，行十七
字，白口，四周雙邊。框
高20.0厘米，廣14.0厘米。

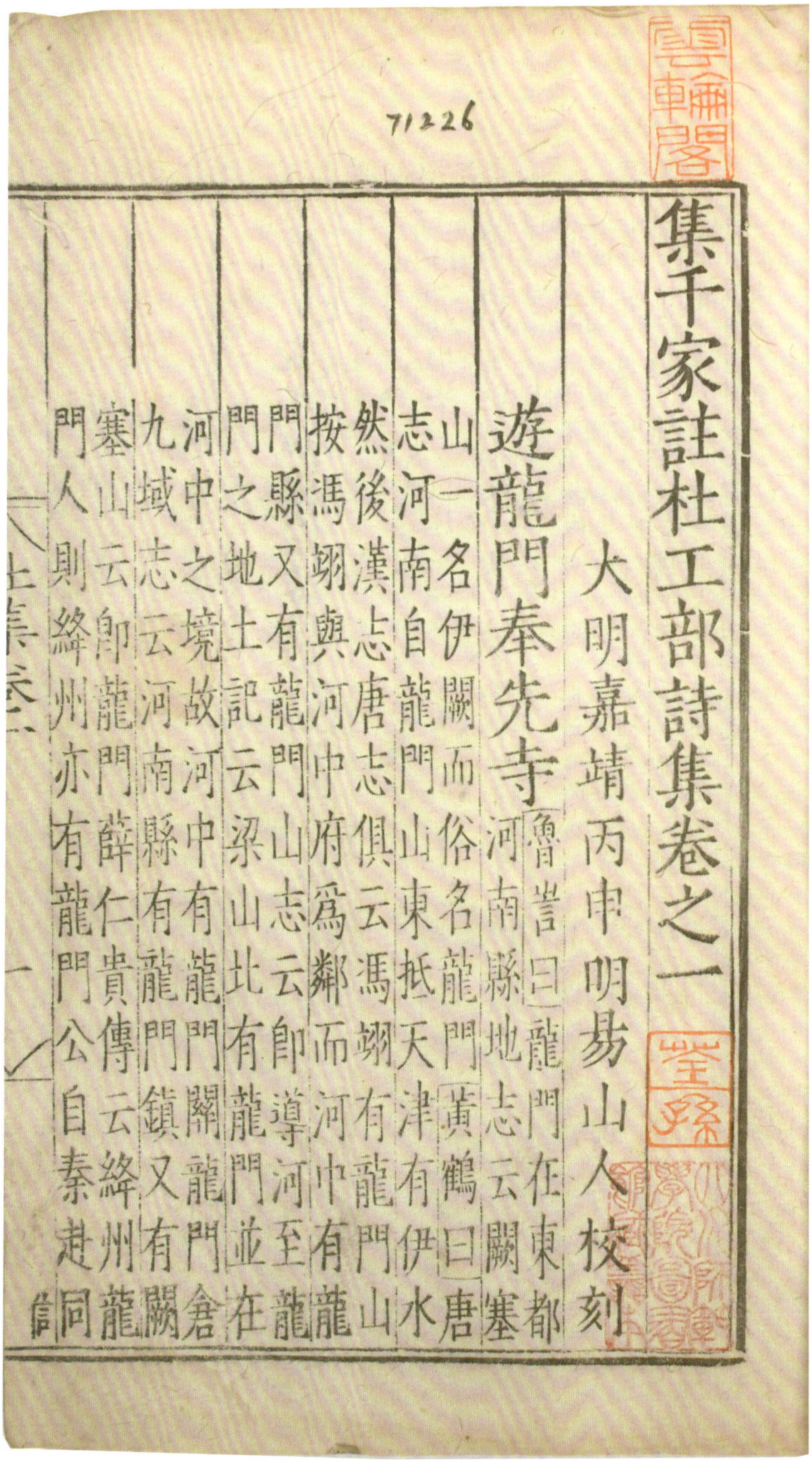

集千家註杜工部詩集卷之一

大明嘉靖丙申明易山人校刻

遊龍門奉先寺 河南縣地志云關在東都〔魯訔曰龍門在東都〕

山一名伊闕而俗名龍門〔黃鶴曰唐〕

志河南自龍門山東抵天津有伊水河

然後漢志唐志俱云馮而河中有龍門山

按馮翊與河中府爲鄰而河中有龍門並在龍

門之地土記云龍門山志云北有龍門至

門縣又有龍門山梁山志云卽導河

河中之境故河南縣有龍門鎮又有門

九域志云卽龍門有龍門關

塞山云絳州亦有龍門公傳云自秦趙

門人則絳州亦有龍門同龍關倉

圖 053

053　集千家注杜工
部詩集二十卷文集二卷
附錄一卷

　　〔唐〕杜甫撰　〔宋〕
黃鶴補注　明嘉靖十五
年（1536）玉几山人刻
明易山人印本（索書
號：844.15/4453）

　　半葉八行，行十七
字，小字雙行同，白
口，四周雙邊。框高21.3
厘米，廣14.2厘米。有
"荃孫""雲輪閣"等
印。第二批《國家珍貴
古籍名錄》05247號。

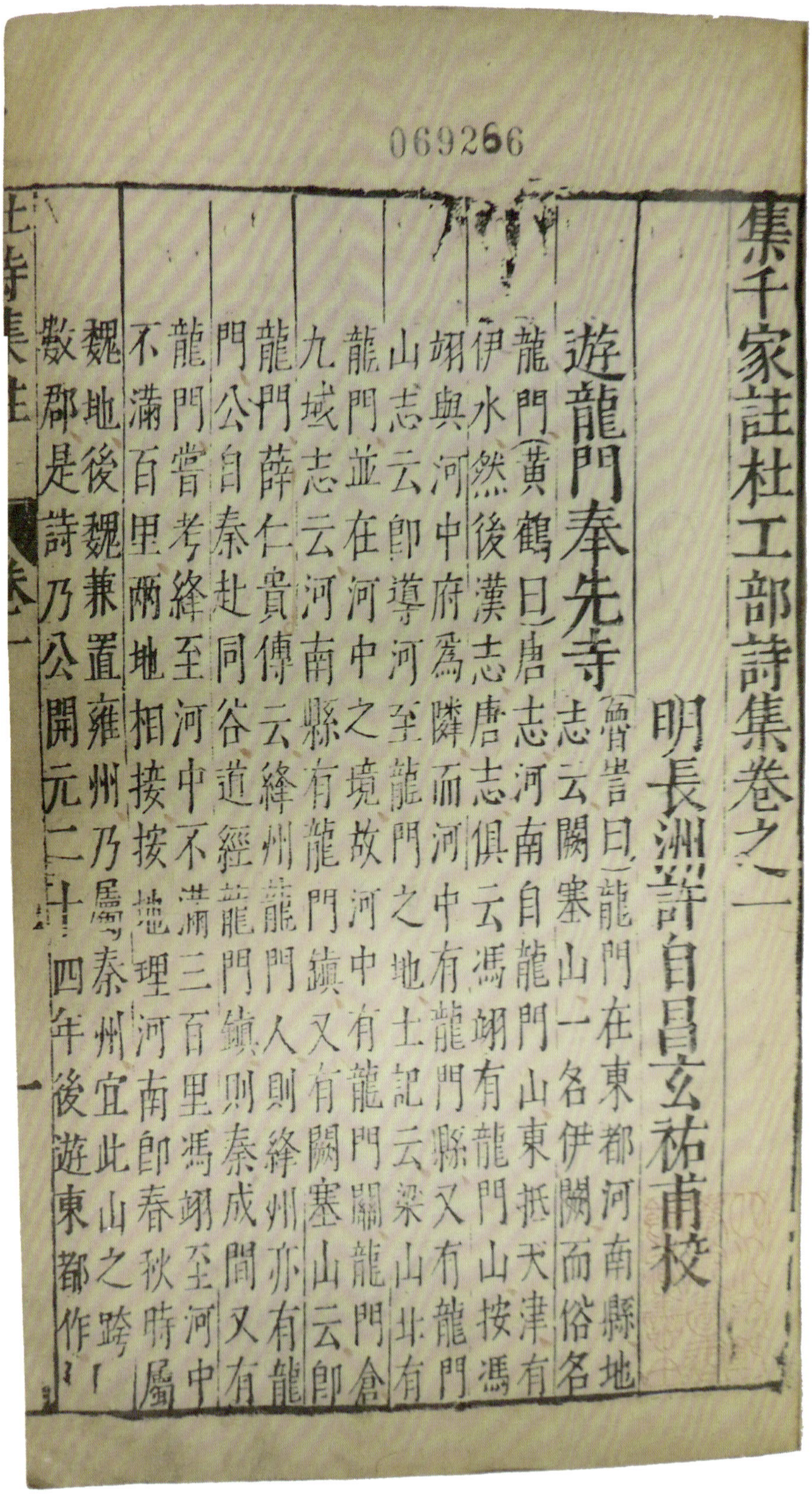

集千家註杜工部詩集卷之二

明長洲許自昌玄祐甫校

遊龍門奉先寺

〔晉書曰〕龍門在東都河南縣地河南縣山東抵天津有龍門山一名伊闕而俗名山東有龍門又有龍門山北有龍門

龍門〔黃鶴曰〕唐志河南自龍門山東抵天津有龍門山按馮翊有龍門

龍門並在河中府爲鄰而河中有龍門又有龍門記云梁山半有

翊與河中郡導河至龍門門之境故河中之地有龍門記云梁山半有

山志云河南縣之境故河中之地有龍門又有龍門關塞山云郡

九域志云河南縣有龍門鎮人則秦蜀閒又有龍門關塞山云郡

龍門自薛仁貴傳云同谷道經龍門鎮則絳州至河中郡春秋時屬

龍門公門自泰赴同谷道中不滿三百里又有龍門郡春秋時屬

門龍門嘗考絳至河中不滿三百里又有龍門郡即春秋時屬

不滿百里兩地相接按地理河南即馮翊

魏地後魏兼置雍州乃屬泰州宜此山之跨

數郡是詩乃公開元二十四年後遊東都作

圖 054

054　集千家注杜工部詩集二十卷文集二卷

〔唐〕杜甫撰　〔宋〕黃鶴補注　明萬曆三十年（1602）許自昌校刻本（索書號：844.15/4453）

半葉九行，行二十字，小字雙行同，白口，四周單邊。框高21.4厘米，廣14.2厘米。

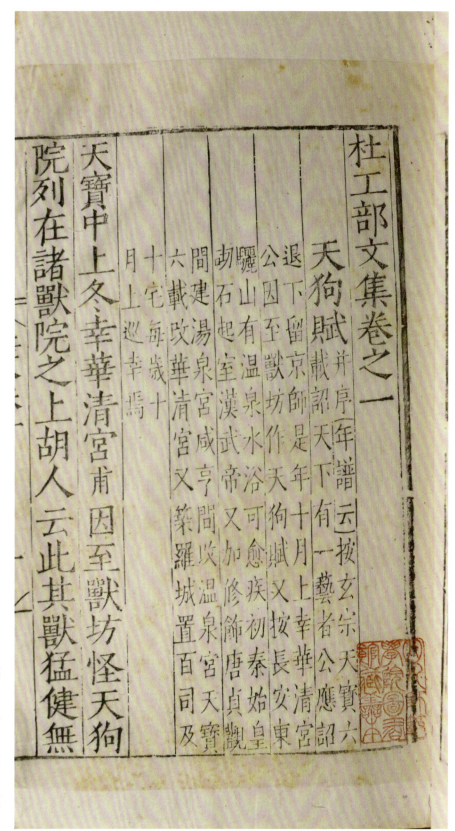

055　集千家注杜工部
詩集二十卷文集二卷

［唐］杜甫撰　明刻本
（索書號：844.15/4453）

半葉八行，行十七
字，小字雙行同，白口，
左右雙邊或四周雙邊，框
高21.8厘米，廣14.2厘米。

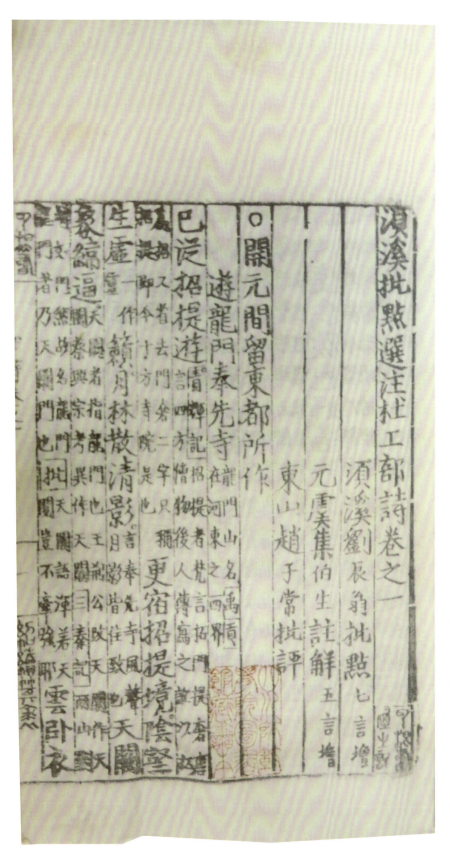

四川師範大學圖書館館藏珍本
圖錄

圖 056

056　須溪批點選注杜
工部詩二十四卷

　　［唐］杜甫撰　［宋］
劉辰翁批點　［元］虞集注
解　［元］趙汸批評　明
雲根書屋刻本（索書號：
844.15/4453）

　　半葉十一行，行十八
字，小字雙行同，白口，
四周單邊。框高18.3厘米，
廣13.0厘米。有"瀫江范氏
藏書"等印。

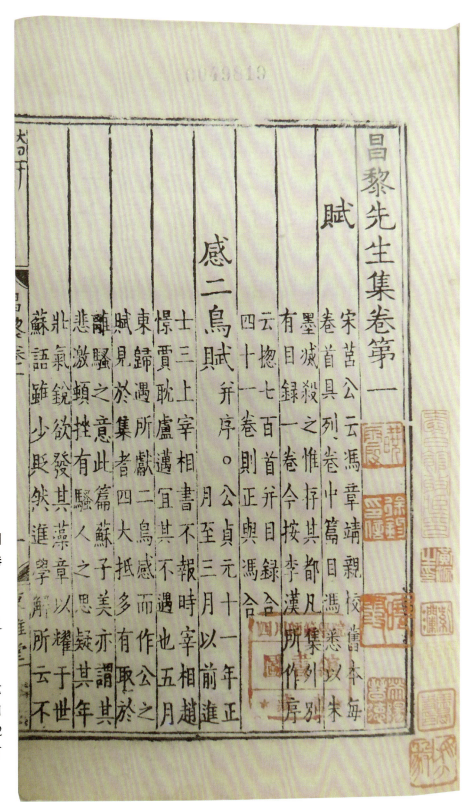

圖 057

057　昌黎先生集四
十卷外集十卷遺文一卷
集傳一卷

［唐］韓愈撰　［唐］
李漢編　明東吳徐氏東
雅堂刻本（索書號：
844.17/4480）

　　半葉九行，行十七
字，小字雙行同，白
口，四周雙邊。框高20.2
厘米，廣13.4厘米。有
"曉霞""滎陽晉德"
等印。

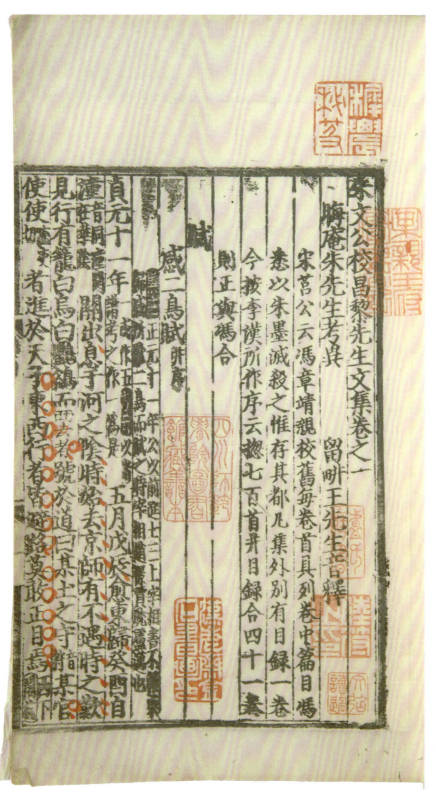

圖 058

058　朱文公校昌黎先生文集四十卷外集十卷遺文一卷

［唐］韓愈撰　［宋］朱熹考異　［宋］王伯大音釋　明刻本（索書號：844.17/4480）

半葉十三行，行二十三字，小字雙行同，黑口，四周雙邊。框高18.4厘米，廣12.4厘米。有"文弨讀過""果親王府圖書記"等印。第二批《國家珍貴古籍名錄》05325號。

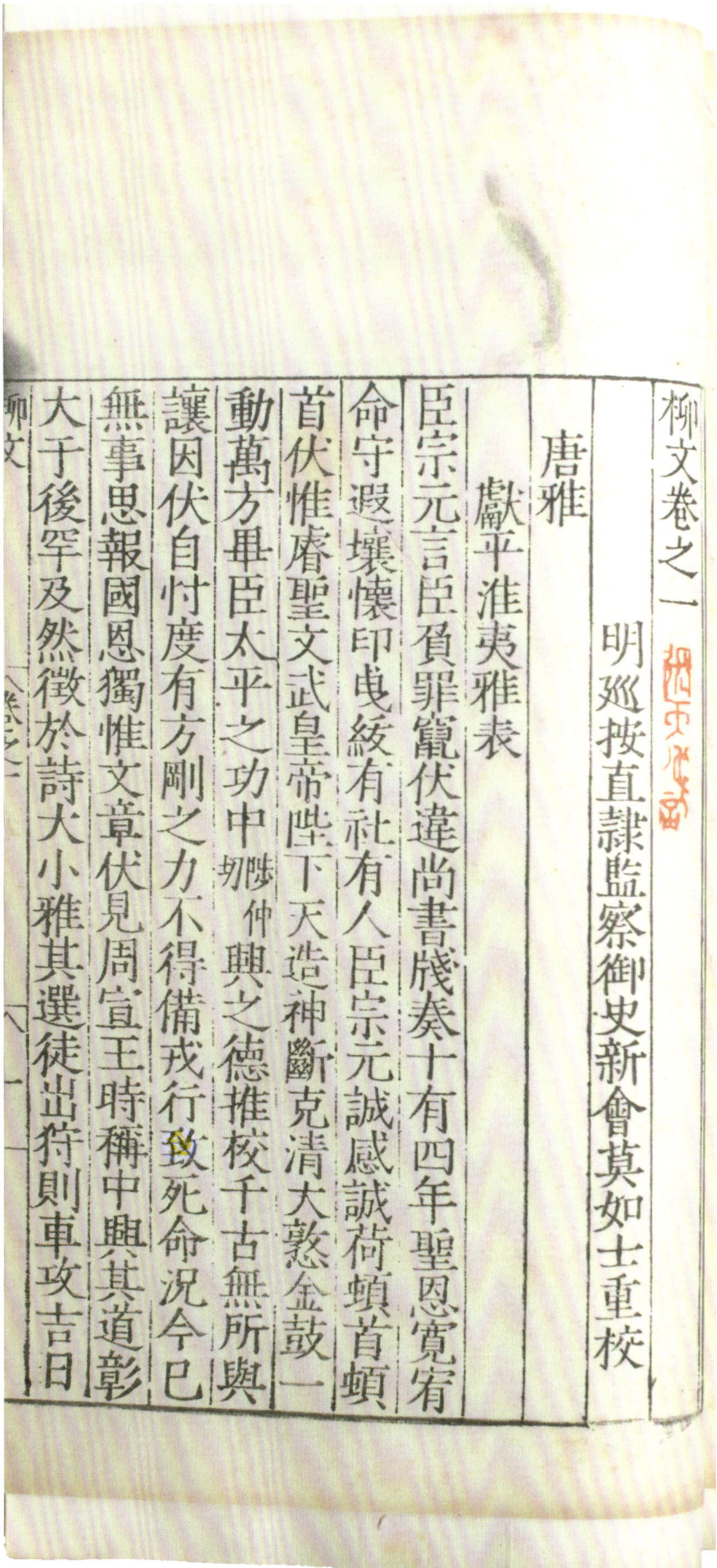

柳文卷之一

明巡按直隸監察御史新會莫如士重校

唐雅

獻平淮夷雅表

臣宗元言臣負罪竄伏違尚書戍奏十有四年聖恩寬宥
命守遐壤懷印曳綬有社有人臣宗元誠感誠荷頓首頓
首伏惟睿聖文武皇帝陛下天造神斷克清大憝金鼓一
動萬方畢臣太平之功中□仲興之德推校千古無所與
讓因伏自忖度有方剛之力不得備戎行致死命況今已
無事思報國恩獨惟文章伏見周宣王時稱中興其道彰
大于後罕及然徵於詩大小雅其選徒出狩則車攻吉日

圖 059

059　柳文四十三卷別集二卷外集二卷

［唐］柳宗元撰　［唐］劉禹錫編　明嘉靖三十五年（1556）莫如士刻本（索書號：573.141/4045）

半葉十一行，行二十二字，小字雙行同，白口，左右雙邊。框高19.0厘米，廣13.5厘米。有"筠生""謝宗陶藏書印"等印。

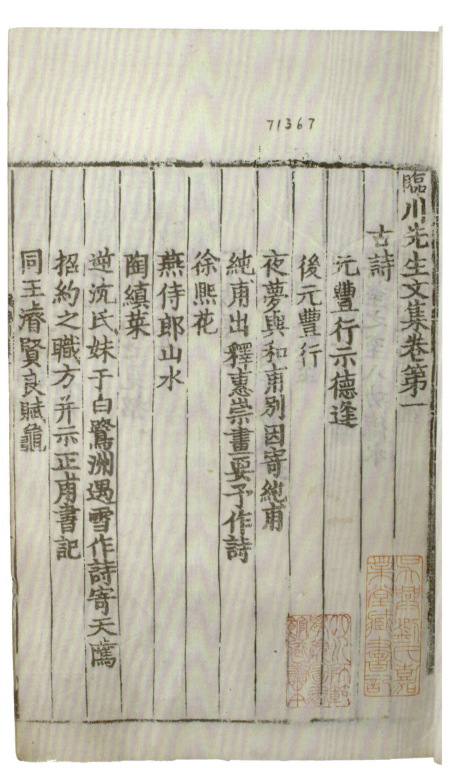

71367

臨川先生文集卷第一

古詩

元豐行示德逢

後元豐行

夜夢與和甫別因寄純甫

純甫出釋惠崇畫要予作詩

徐熙花

燕侍郎山水

陶縝菜

逆流氏妹于白鷺洲遇雪作詩寄天騭

招約之職方并示正甫書記

同王濬賢良賦龜

圖 060

060　臨川先生文集一百卷目錄二卷

［宋］王安石撰　明嘉靖三十九年（1560）何階刻本（索書號：845.15/1031）

半葉十二行，行二十字，白口，左右雙邊。框高20.2厘米，廣16.0厘米。有"開卷一樂""平江貝氏文苑""吳興劉氏嘉業堂藏書記"等印。

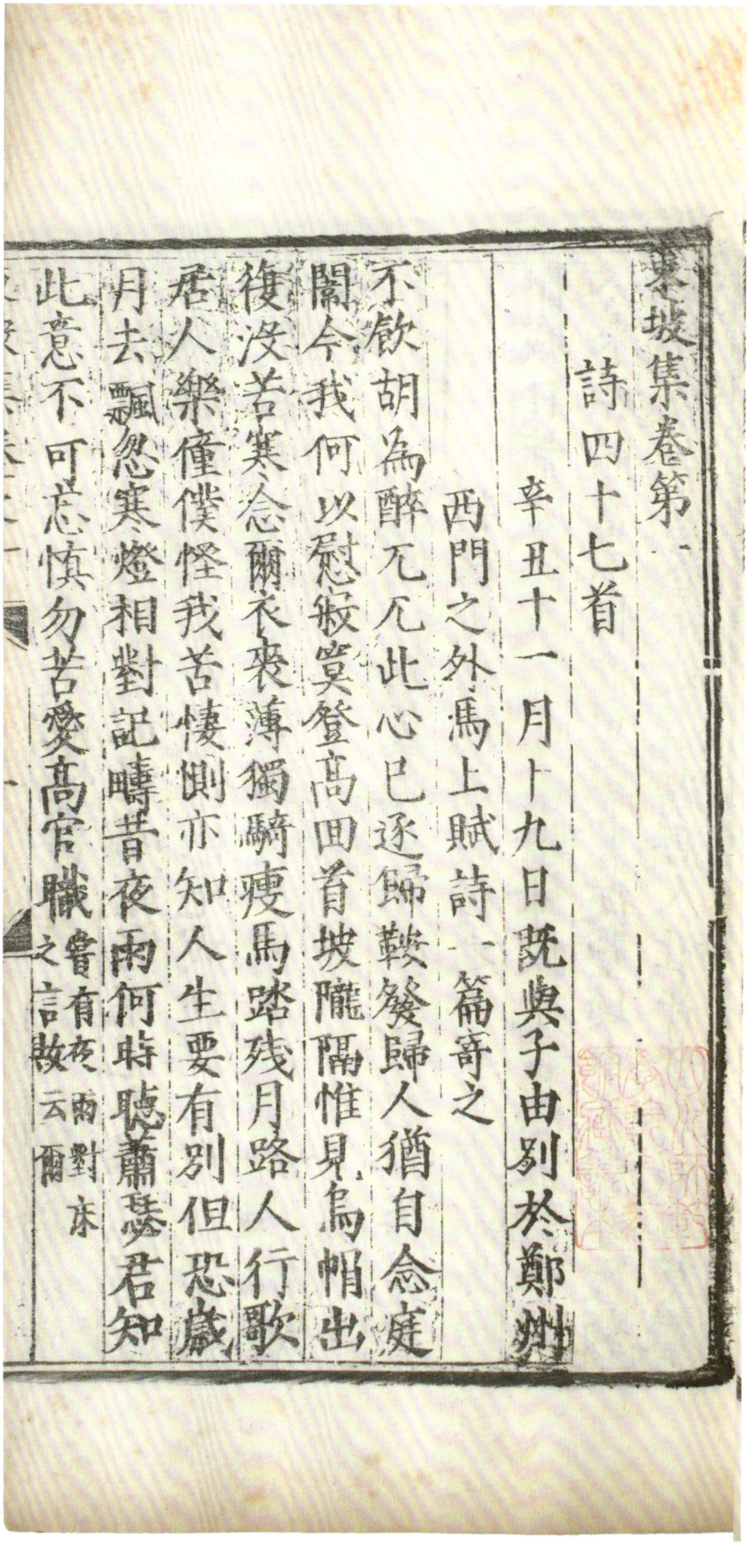

東坡集卷第一

詩四十七首

辛丑十一月十九日既與子由別於鄭州西門之外馬上賦詩一篇寄之

不飲胡為醉兀兀此心已逐歸鞍發歸人猶自念庭闈今我何以慰寂寞登高回首坡隴隔惟見烏帽出復沒苦寒念爾衣裘薄獨騎瘦馬踏殘月路人行歌居人樂僮僕怪我苦悽惻亦知人生要有別但恐歲月去飄忽寒燈相對記疇昔夜雨何時聽蕭瑟君知此意不可忘勿苦愛高官職曾昔夜雨對床之言故云爾

圖 061-1

061　蘇文忠公全集
一百十一卷
　［宋］蘇軾撰
東坡先生年譜一卷
　［宋］王宗稷撰　明
嘉靖十三年（1534）江
西布政司刻本（索書
號：845.15/4453）
　半葉十行，行二十
字，小字雙行同，白
口，四周雙邊。框高19.5
厘米，廣13.0厘米。第
二批《國家珍貴古籍名
錄》05564號。

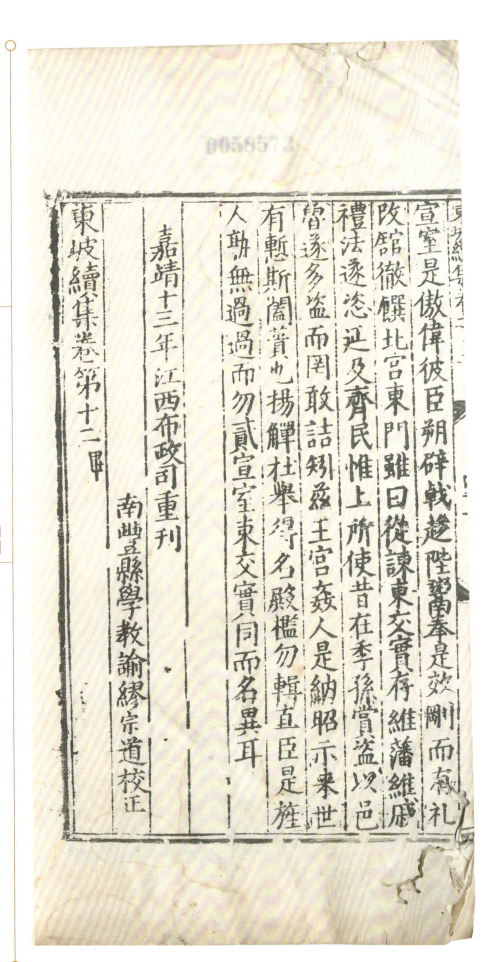

宣室是傲偉彼臣朝碎戟趨陛彎南奉是效剛而有礼
改館徽饌北宮東門雖日從諫東交實存維藩維戚
禮法逐恣迎及齊民惟上所使昔在季孫賞盜以邑
曾遂多盜而閎敢詰矧愛王宮姦人是納昭示來世
有斬斯闖竇也揚觶杜舉得名嚴檻勿輯直臣是旌
人勘無過過而勿貳宣室東交實八同而名異耳

嘉靖十三年江西布政司重刊
南豐县學教諭繆宗道校正

東坡續集卷第十二

圖 061-2

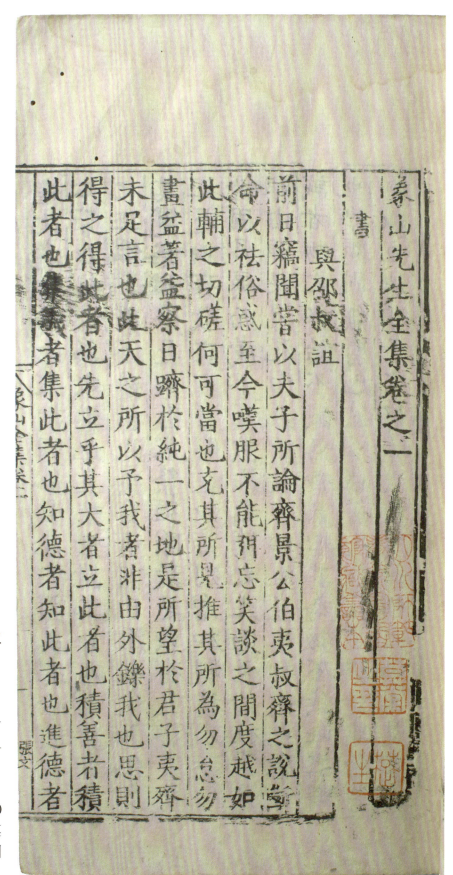

圖 062

062　象山先生全集三
十六卷

［宋］陸九淵撰

少湖徐先生學則辯一卷

［明］徐階撰　明嘉靖
四十年（1561）何遷刻本
（索書號：845.22/7443）

半葉十行，行二十字，
白口，四周雙邊。框高20.0
厘米，廣13.0厘米。有"莫
棠之印""言言齋善本圖
書"等印。

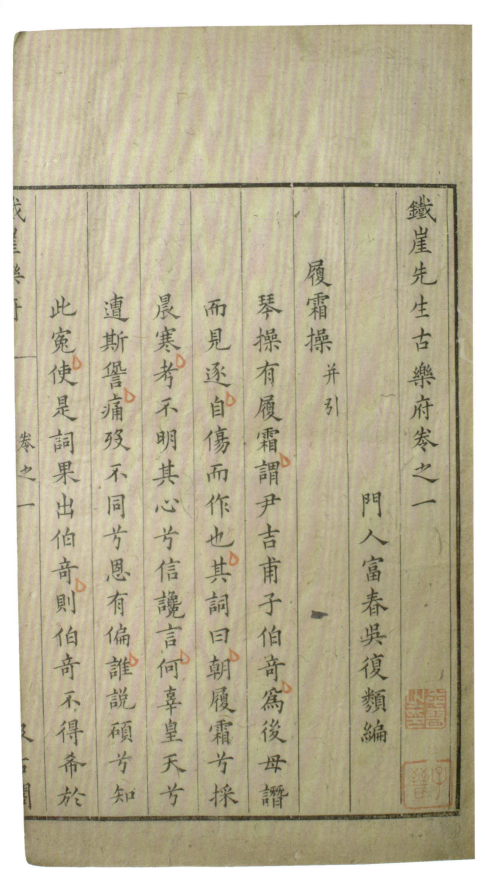

圖 063

063　鐵崖先生古
樂府十卷補四卷

［元］楊維楨撰

［元］吳復類編　明末
毛氏汲古閣刻本（索書
號：845.77/4624）

半葉八行，行十
九字，小字雙行同，
白口，左右雙邊。框
高18.9厘米，廣13.5
厘米。有"毛晋之
印""子晋"等印。

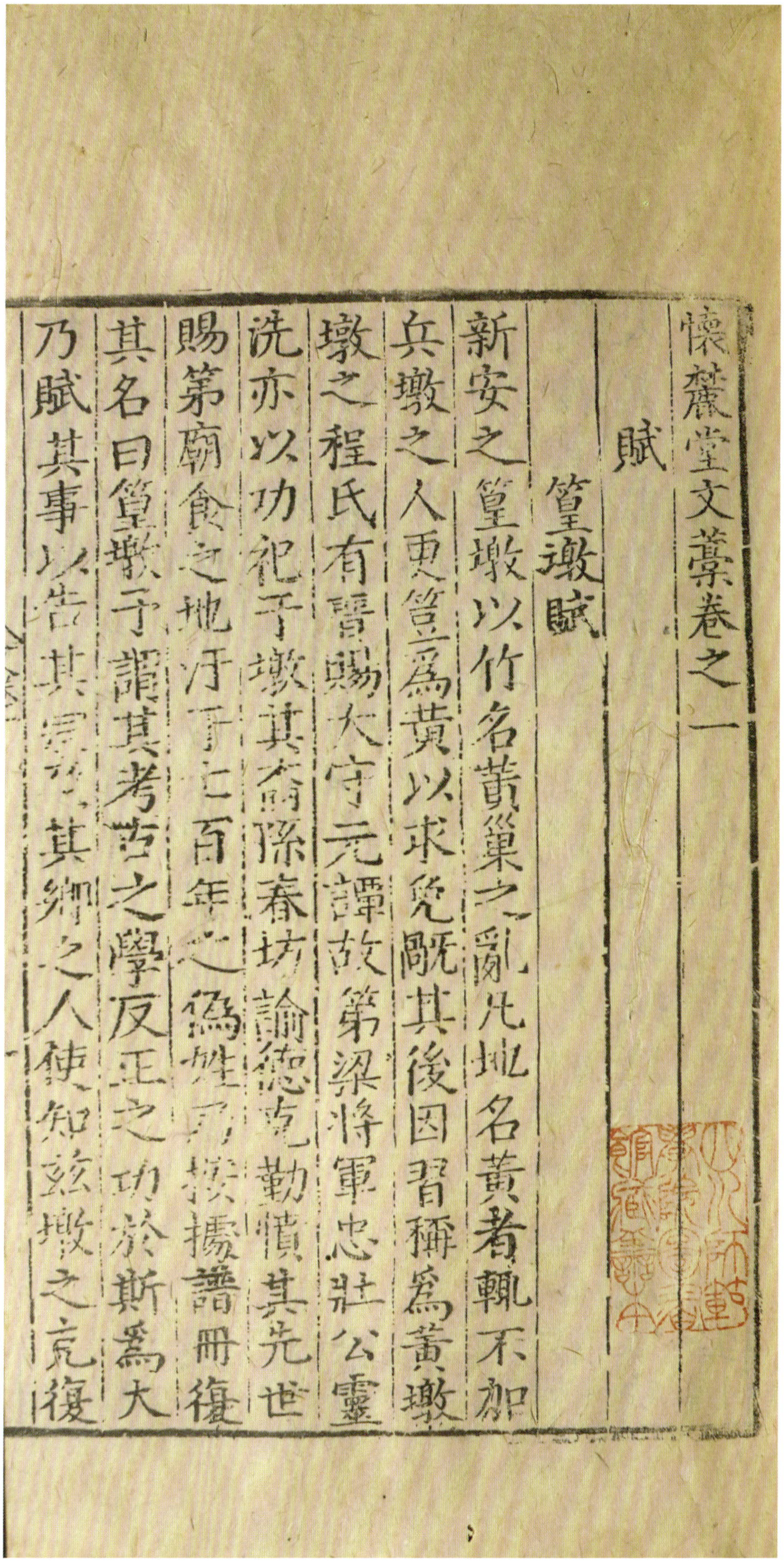

懷麓堂文藁卷之一

賦

篁墩賦

新安之篁墩以竹名黃巢之亂兆址名黃耆輒不加

兵墩之人更篁爲黃以求免既其後因習稱爲黃墩

墩之程氏有晉賜大守元譚故第梁將軍忠壯公靈

洗亦以功祀于墩其裔孫春坊諭德克勤愾其先世

賜第廟食之地于斯二百年之爲姓而桉揚譜冊復

其名曰篁墩予諝其考西之學反正之功於斯爲大

乃賦其事以告其宗族其鄉人之人使知兹墩之克復

圖 064

064 懷麓堂詩稿二十卷詩後稿十卷文稿三十卷南行稿一卷北上錄一卷

［明］李東陽撰 明正德刻本（索書號：846.5/4013）

半葉十行，行二十字，白口，四周單邊。框高19.3厘米，廣13.2厘米。第六批《國家珍貴古籍名錄》12801號。

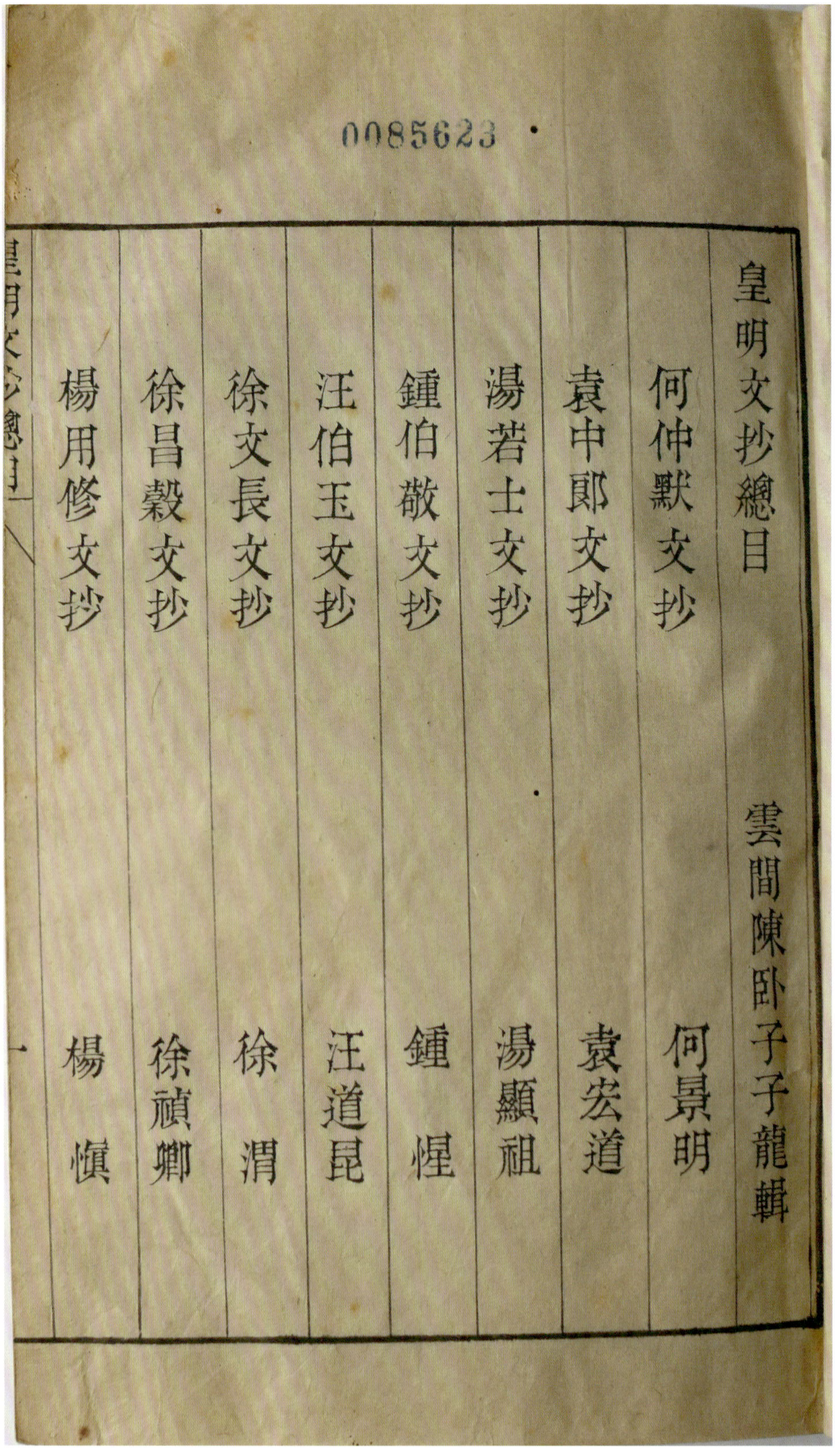

皇明文抄總目　雲間陳臥子子龍輯

何仲默文抄　何景明

袁中郎文抄　袁宏道

湯若士文抄　湯顯祖

鍾伯敬文抄　鍾惺

汪伯玉文抄　汪道昆

徐文長文抄　徐渭

徐昌穀文抄　徐禎卿

楊用修文抄　楊慎

皇明文抄總目　一

圖 065

065　皇明文钞十三種

［明］陳子龍輯　明刻本（索書號：835.6/7510）

半葉九行，行二十字，白口，左右雙邊。框高18.5厘米，廣14.2厘米。

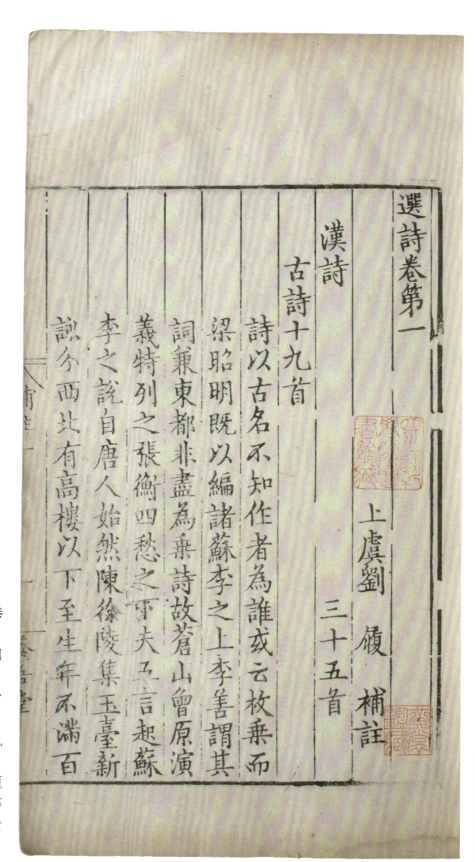

圖 066-1

066　選詩補注八卷
補遺二卷續編四卷

　　〔元〕劉履補注　明
嘉靖三十一年（1552）
顧存仁養吾堂刻本（索
書號：830.2/4480）

　　半葉十行，行十九
字，白口，左右雙邊。
框高18.9厘米，廣13.6厘
米。有"黃裳鑑藏"等
印。第二批《國家珍貴
古籍名錄》06252號。

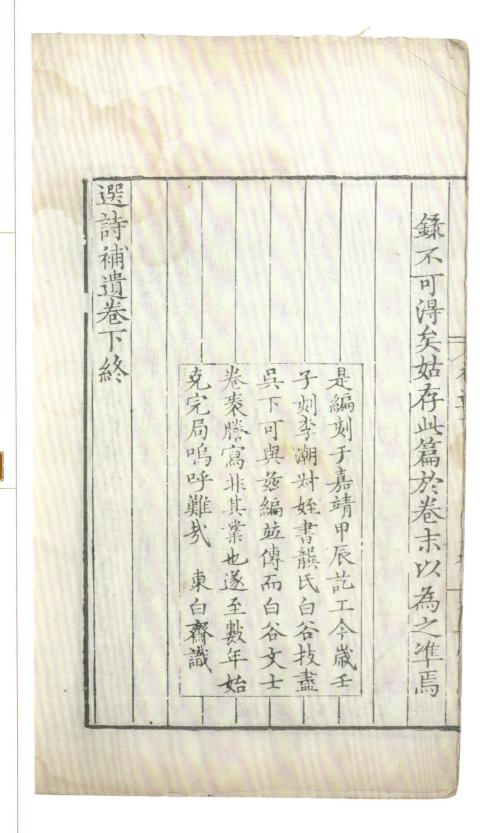

錄不可得矣姑存此篇於卷末以為之準焉

是編刻于嘉靖甲辰訖工今歲壬
子刻李潮對姪書醵氏白谷技盡
吳下可與蕊編並傳而白谷文士
卷袤謄寫非其業也遂至數年始
克完局嗚呼難哉
東白齋識

選詩補遺卷下終

圖 066-2

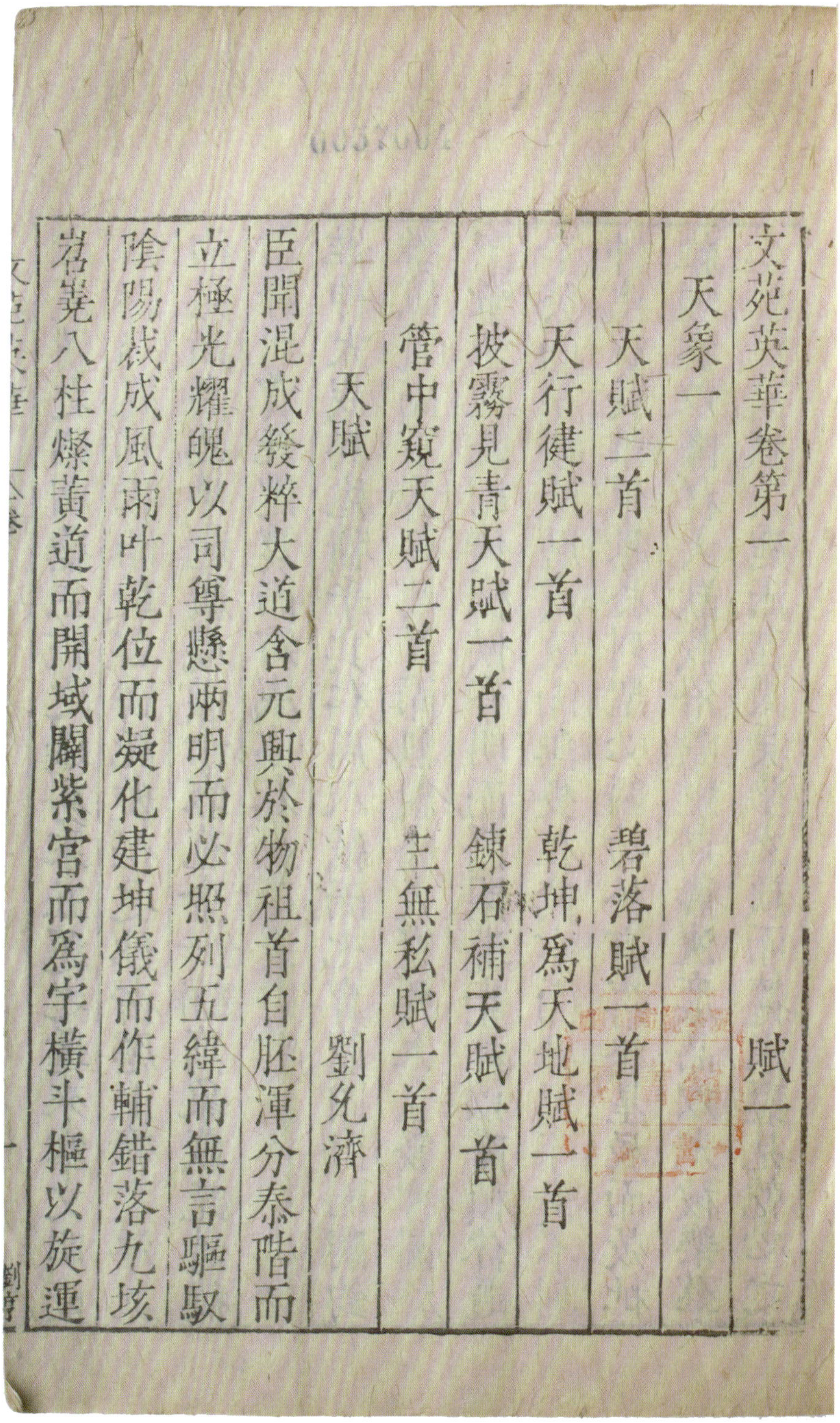

圖 067

067 文苑英華一千
卷

[宋]李昉等纂　明
隆慶元年（1567）胡維
新、戚繼光刻本（索書
號：835.4/4030）

半葉十一行，行二
十二字，白口，四周單
邊。框高21.2厘米，廣
15.6厘米。

文苑英華卷第一

天象一

天賦二首

天行健賦一首

披霧見青天賦一首

管中窺天賦二首

天賦

臣聞混成絫粹大道含元興於物祖首自胚渾分泰階而

立極光耀魄以司尊懸兩明而必照列五緯而無言驅馭

陰陽裁成風雨叶乾位而凝化建坤儀而作輔錯落九垓

岧嶤八柱燦黃道而開域闢紫宮而爲字橫斗樞以旋運

賦一

碧落賦一首

乾坤爲天地賦一首

鍊石補天賦一首

生無私賦一首　劉兇濟

天賦

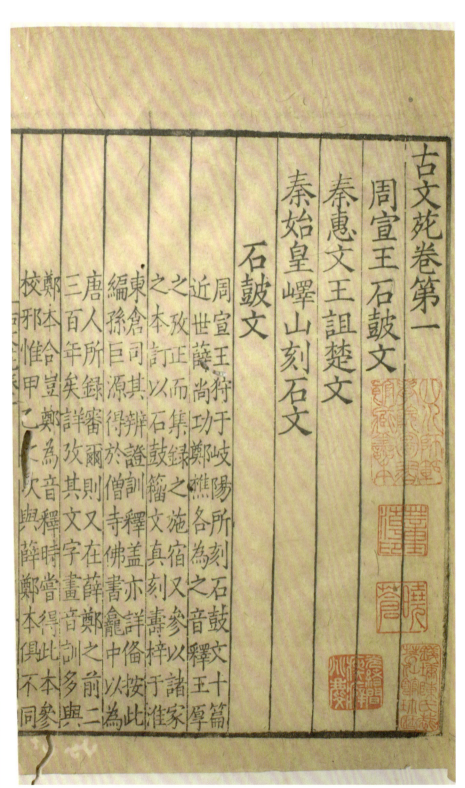

圖 068

068　古文苑二十一卷

［宋］章樵注　明刻本（索書號：835/8027）

半葉十行，行十八字，小字雙行同，白口，四周單邊。框高19.7厘米，廣15.0厘米。第三批《國家珍貴古籍名錄》09377號。

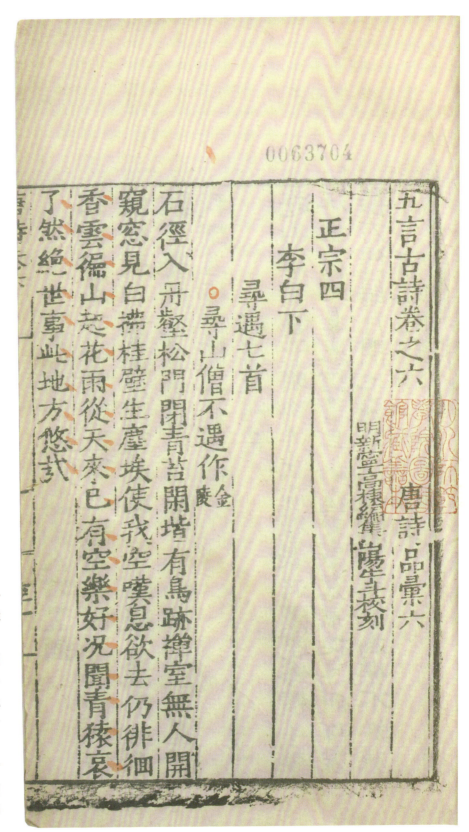

五言古詩卷之六　　唐詩品彙六

明新寧高棅編集　陽墅斗校刻

正宗四

李白下

尋邁七首

尋山僧不遇作　金

石徑入丹壑　松門閉青苔　閑堦有鳥跡　禪室無人開

窺窗見白拂　挂壁生塵埃　使我空嘆息　欲去仍徘徊

香雲徧山起　花雨從天來　已有空樂好　況聞青猿哀

了然絕世事　此地方悠哉

圖 069

069　唐詩品彙九十卷拾遺十卷詩人爵里詳節一卷

［明］高棅編集　明嘉靖十八年（1539）牛斗刻本（卷一至五補配明末張恂刻本，索書號：831.4/0042）

半葉十行，行二十字，小字雙行同，白口，左右雙邊。框高18.5厘米，廣13.3厘米。

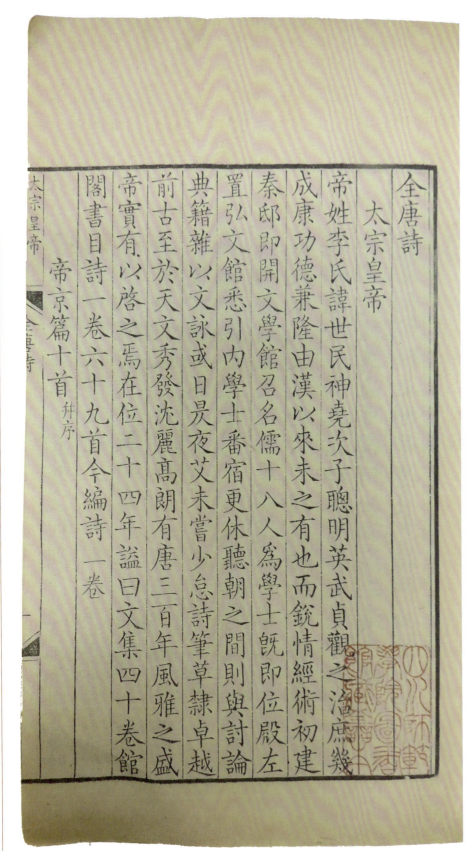

圖 070

070　全唐詩九百卷目錄十二卷

〔清〕曹寅等輯　清康熙四十四年至四十六年（1705—1707）揚州詩局刻本（索書號：831.41/0077）

半葉十一行，行二十一字，白口，左右雙邊。框高16.5厘米，廣11.7厘米。

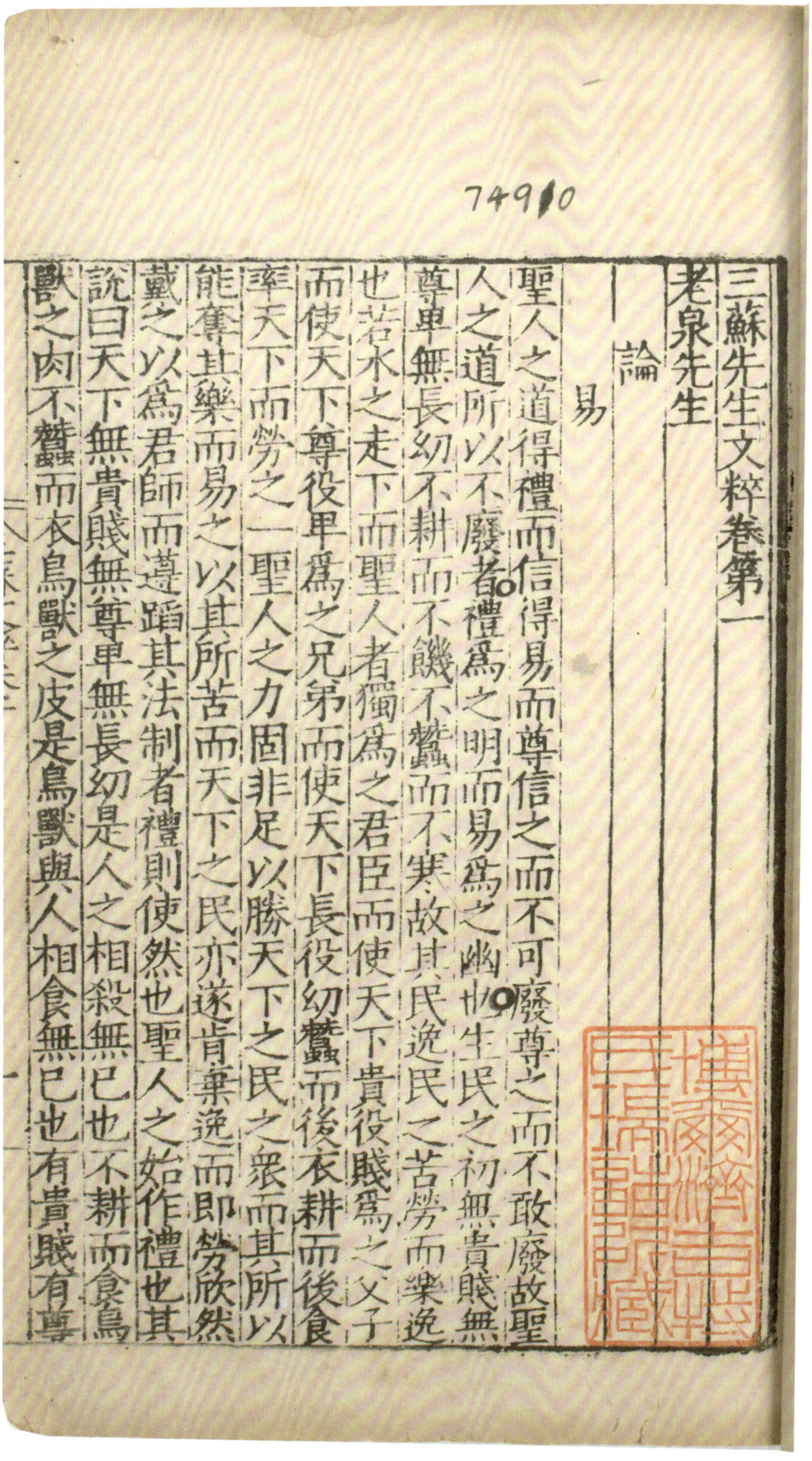
74910
三蘇先生文粹卷第一
老泉先生
論
易
聖人之道得禮而信得易而尊信之而不可廢尊之而不敢廢故聖
人之道所以不廢者禮爲之明而易爲之幽也生民之初無貴賤無
尊卑無長幼不耕而不饑不蠶而不寒故其民逸民之苦勞而樂逸
也若水之走下而聖人者獨爲之君臣而使天下貴役賤爲之父子
而使天下尊役卑爲之兄弟而使天下長役幼蠶而後衣耕而後食
率天下而勞之一聖人之力固非足以勝天下之民之衆而其所以
能奪其樂而易之以其所苦而天下之民亦遂肯棄逸而即勞欣然
戴之以爲君師而遵蹈其法制者禮則使然也聖人之始作禮也其
說曰天下無貴賤無尊卑無長幼是人之相殺無已也不耕而食鳥
獸之肉不蠶而衣鳥獸之皮是鳥獸與人相食無已也有貴賤有尊
博爾濟吉特氏瑞誥所藏

圖 071-1

071　三蘇先生文粹七十卷

［宋］蘇洵　蘇軾　蘇轍撰　明刻本（索書號：830.5/4437）

半葉十四行，行二十六字，白口，左右雙邊。框高18.8厘米，廣13.9厘米。有朋倫識語。有“錢士興藏書記”“博爾濟吉特氏瑞誥所藏”等印。

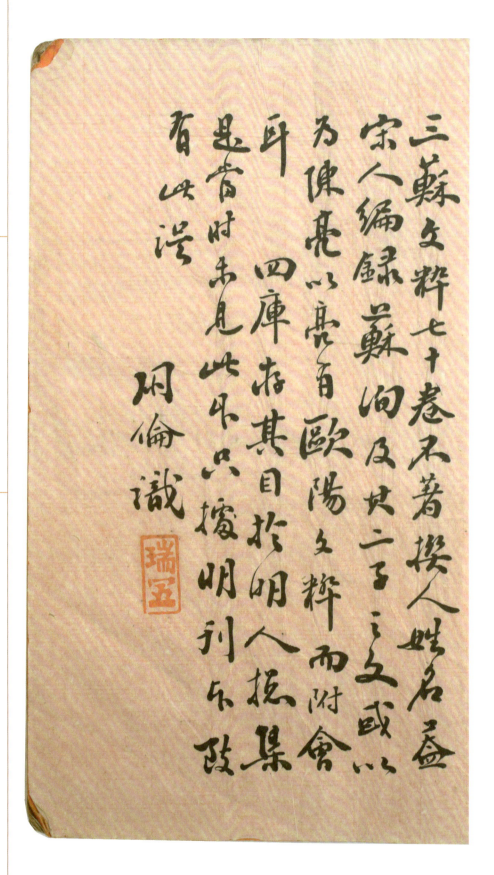

三蘇文粹七十卷不著撰人姓名盖
宋人編錄蘇洵及其二子之文或以
為陳亮以亮之言歐陽文粹而附會
耳　四庫著其目於明人掇集
是晉時未見此本只據明刊本改
看此誤　閒倫識

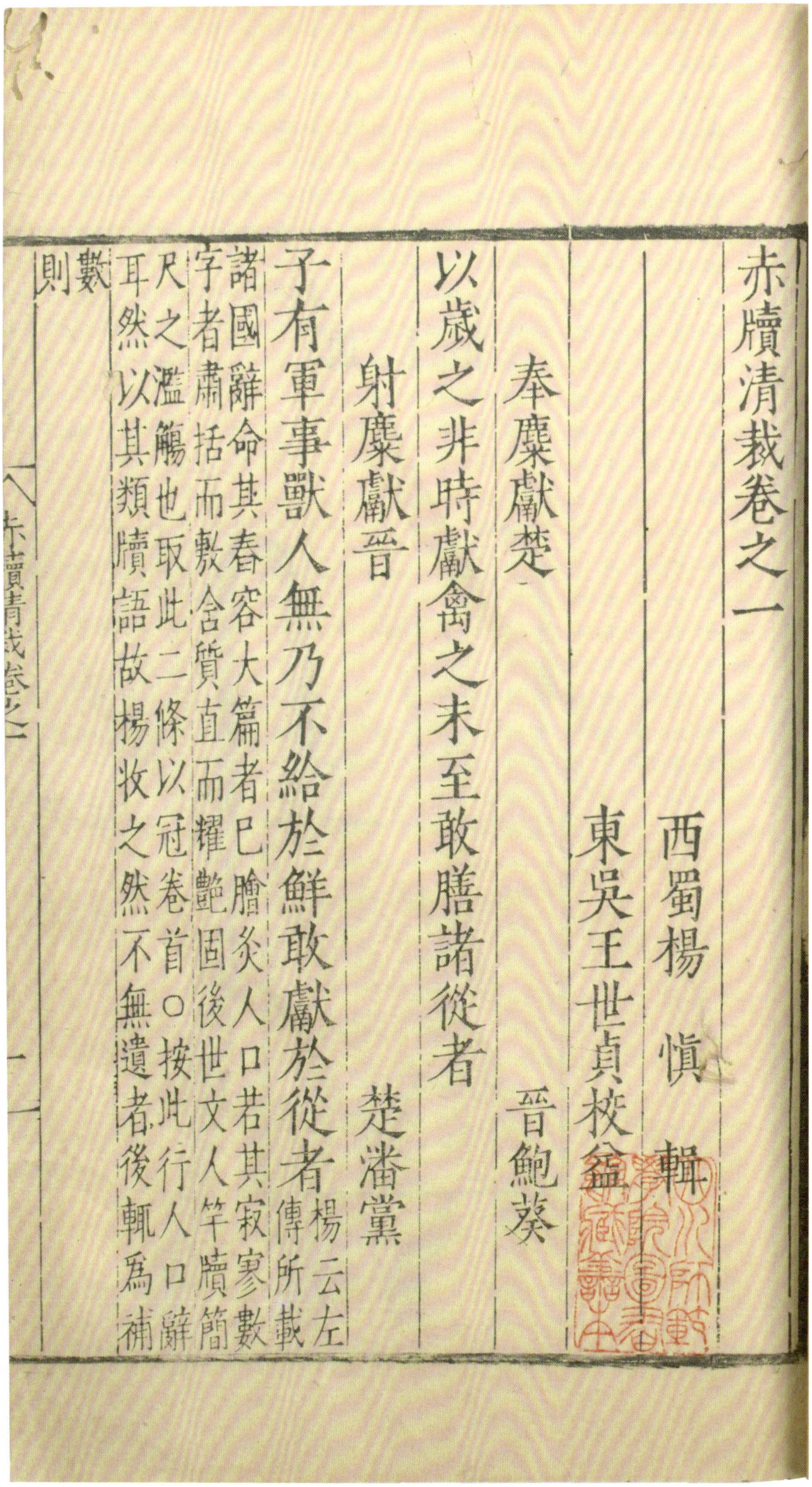

赤牘清裁卷之一

西蜀楊　慎　輯

東吳王世貞校益

奉麋獻楚　楚潘黨

晉鮑葵

以歲之非時獻禽之未至敢膳諸從者

射麋獻晉

子有軍事獸人無乃不給於鮮敢獻於從者　楊云左傳所載

諸國辭命其春容大篇者巳膽炎人口若其寂寥數
字者肅括而敷舍質直而耀艷固後世文人竿牘簡
尺之濫觴也取此二條以冠卷首〇按此行人口辭
耳然以其類牘語故楊牧之然不無遺者後輒為補
則數

圖 072

072　赤牘清裁二十八卷

［明］楊慎輯　［明］王世貞校益　明嘉靖三十七年（1558）刻本（索書號：856.1/4694）

半葉十行，行二十字，小字雙行同，白口，左右雙邊。框高19.3厘米，廣14.5厘米。有"毅調""曾在潘景鄭家"等印。第二批《國家珍貴古籍名錄》06407號。

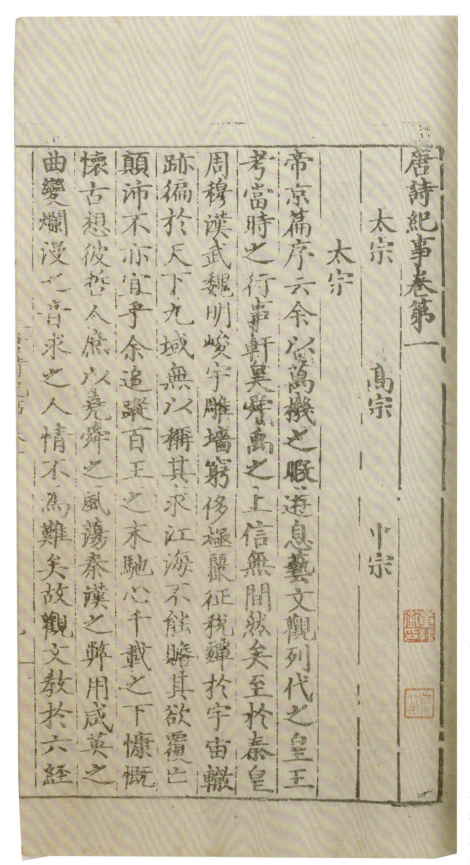

唐詩紀事卷第一

太宗　高宗

太宗　　　中宗

帝京篇序云余以萬機之暇遊息藝文觀列代之皇王

考當時之行事軒昊舜禹之上信無間然矣至於秦皇

周穆漢武魏明峻宇雕牆窮侈極麗徵税韓於宇宙轍

跡徧於天下九域無以稱其求江海不能瞻其欲覆已

顛沛不亦宜乎余追蹤百王之末馳心千載之下懷慨

懷古想彼哲人庶以堯舜之風蕩秦漢之弊用咸英之

曲變爛漫之音求之人情不爲難矣故觀文教於六經

圖 073

073　唐詩紀事八十一卷

［宋］計有功撰　明嘉靖二十四年（1545）張子立刻本（卷六十二至六十五，有鈔配，索書號：821.1841/0441）

半葉十行，行二十一字，白口，四周單邊。框高19.2厘米，廣13.0厘米。有"歸安章綬銜字紫伯印"等印。

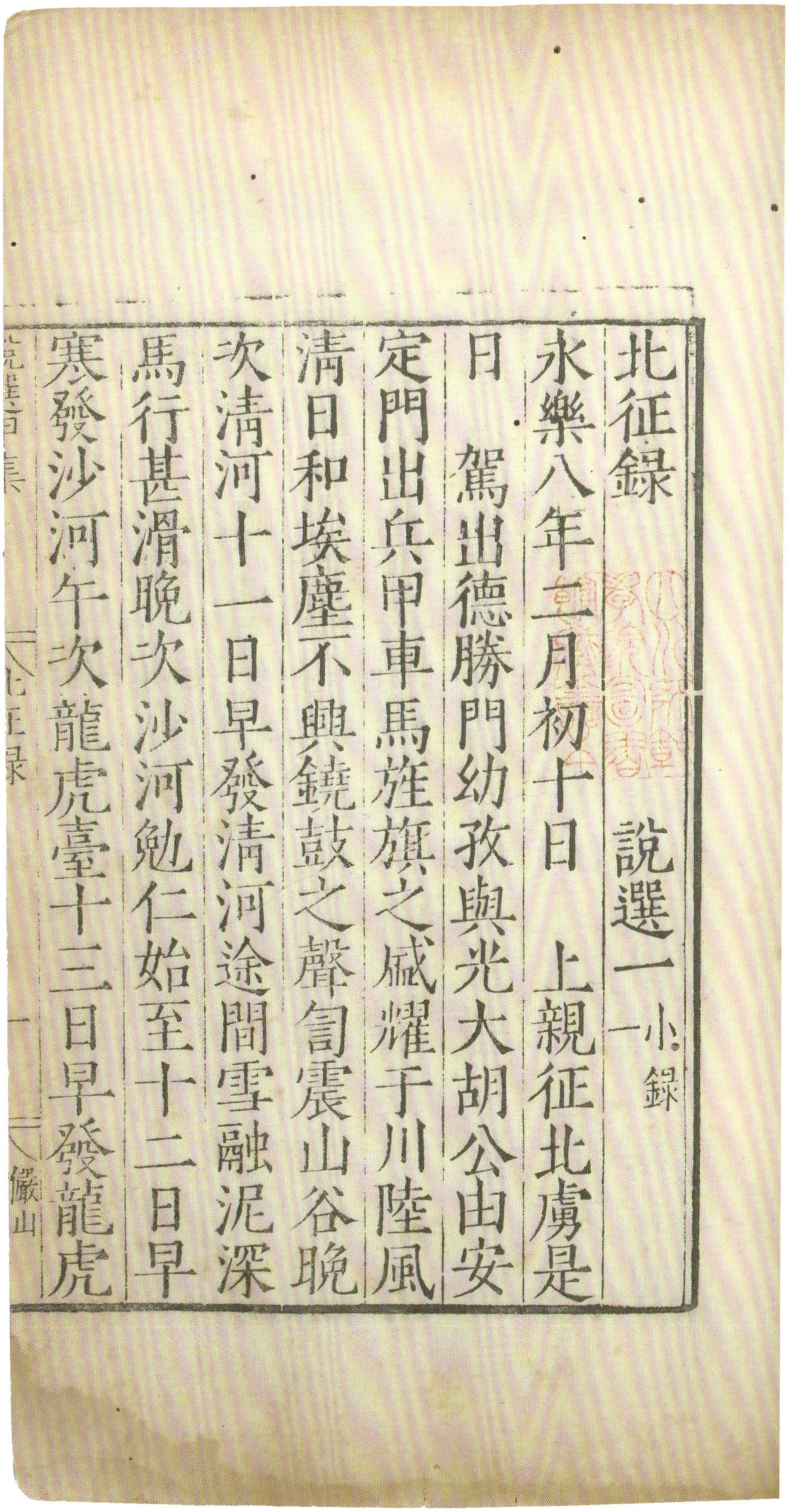
北征錄　　說選一　小錄一
永樂八年二月初十日　上親征北虜是
日　駕出德勝門幼孜與光大胡公由安
定門出兵甲車馬旌旗之威耀于川陸風
清日和埃塵不興鐃鼓之聲訇震山谷晚
次清河十一日早發清河途間雪融泥深
馬行甚滑晚次沙河勉仁始至十二日早
寒發沙河午次龍虎臺十三日早發龍虎

說選百集　北征錄　一　儼山

圖 074-1

074　古今説海一百三十五種一百四十二卷

［明］陸楫等編　明嘉靖二十三年（1544）儼山書院、雲山書院刻本（索書號：857.08/7461）

半葉八行，行十六字，小字雙行同，白口，左右雙邊。框高17.0厘米，廣11.5厘米。

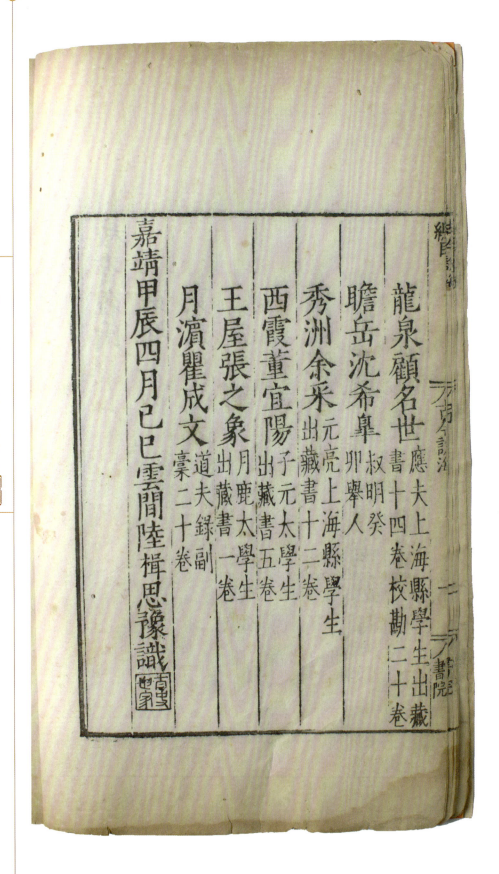

絲何詩初 二云書院

龍泉顧名世　應夫上海縣學生出藏書十四卷校勘二十卷

瞻岳沈希皐　叔明癸卯舉人

秀洲余采　元亮上海縣學生藏書十二卷

西霞董宜陽　子元太學生藏書五卷

王屋張之象　月鹿太學生藏書一卷

月濱瞿成文　道夫錄副毫二十卷

嘉靖甲辰四月巳巳雲間陸楫思豫識

圖 074-2

稿 鈔 本

　　中國古籍的版本，就其成書途徑而言，可分爲印本和寫本兩大類，稿本、鈔本皆屬於寫本一類。稿本，有手稿本、謄清稿本、修改稿本之別。稿本出於著者之手，無傳鈔、刊刻之誤，最爲可信。稿中勾乙增删之處，可見撰著者治學歷程和思想變化，彌足珍貴。鈔本是依稿本或印本傳鈔而成。雕版印刷流行之後，鈔本與刻本並行不悖。鈔本傳世數量較刊本數量少，出於名家校訂、鈔寫的精鈔本更難得。本書收錄館藏稿鈔本十三種。

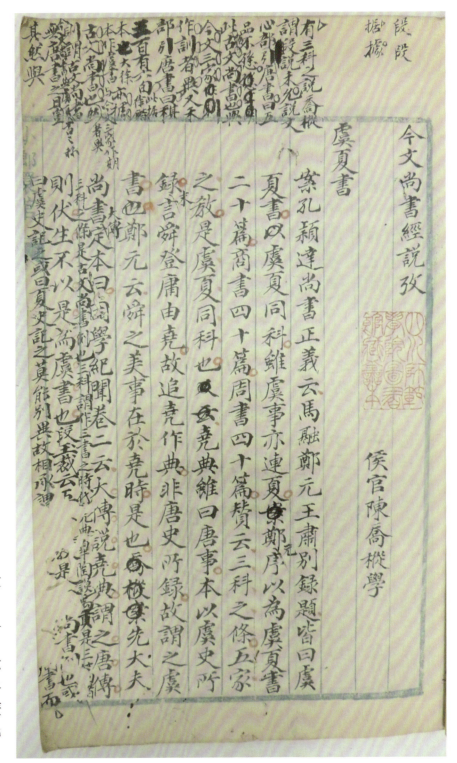

圖 075

075　今文尚書經説攷不分卷

〔清〕陳喬樅學　稿本

（索書號：621.276/7524）

半葉十一行，行字不等，"小嫏嬛館"綠格紙，開本高21.5厘米，廣15.1厘米。有"烏程楊氏所藏"等印。

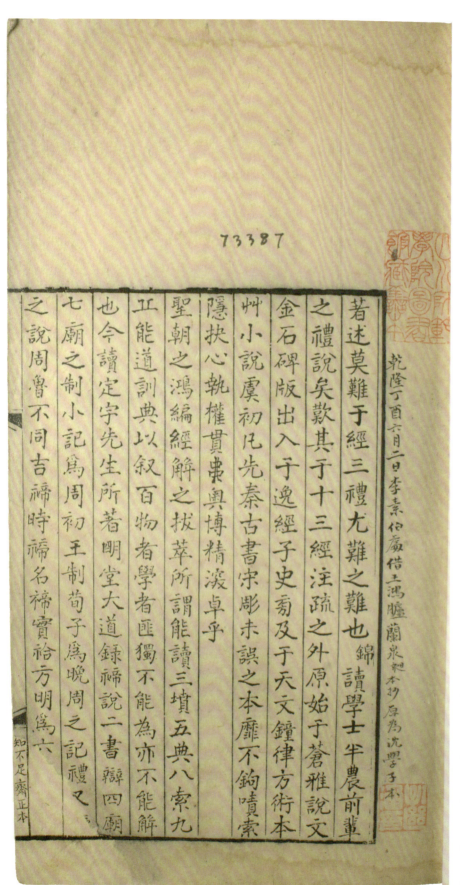

73387

著述莫難于經三禮尤難之難也錦讀學士半農前輩

之禮說吳歟其于十三經注疏之外原始于蒼雅說文

金石碑版出入于逸經子史旁及于天文鐘律方術本

艸小說虞初凡先秦古書宋彫未誤之本靡不鈎嘖索

隱抉心執權貫典奧博精滾卓乎

聖朝之鴻編經解之拔萃所謂能讀三墳五典八索九

工能道訓典以叙百物者學者匪獨不能為亦不能解

也今讀定宇先生所著朙堂大道錄禘說二書韓四廟

七廟之制小記為周初王制荀子為晚周之記禮又

之說周魯不同吉禘時禘名禘實祫方明為六

知不足齋正本

圖 076-1

076　明堂大道錄八卷

［清］惠棟撰　清乾隆知不足齋鈔本（索書號：272/5045）

半葉十行，行二十一字，小字雙行同，白口，左右雙邊。框高17.8厘米，廣12.4厘米。有"孔繼涵印""葒谷"等印。

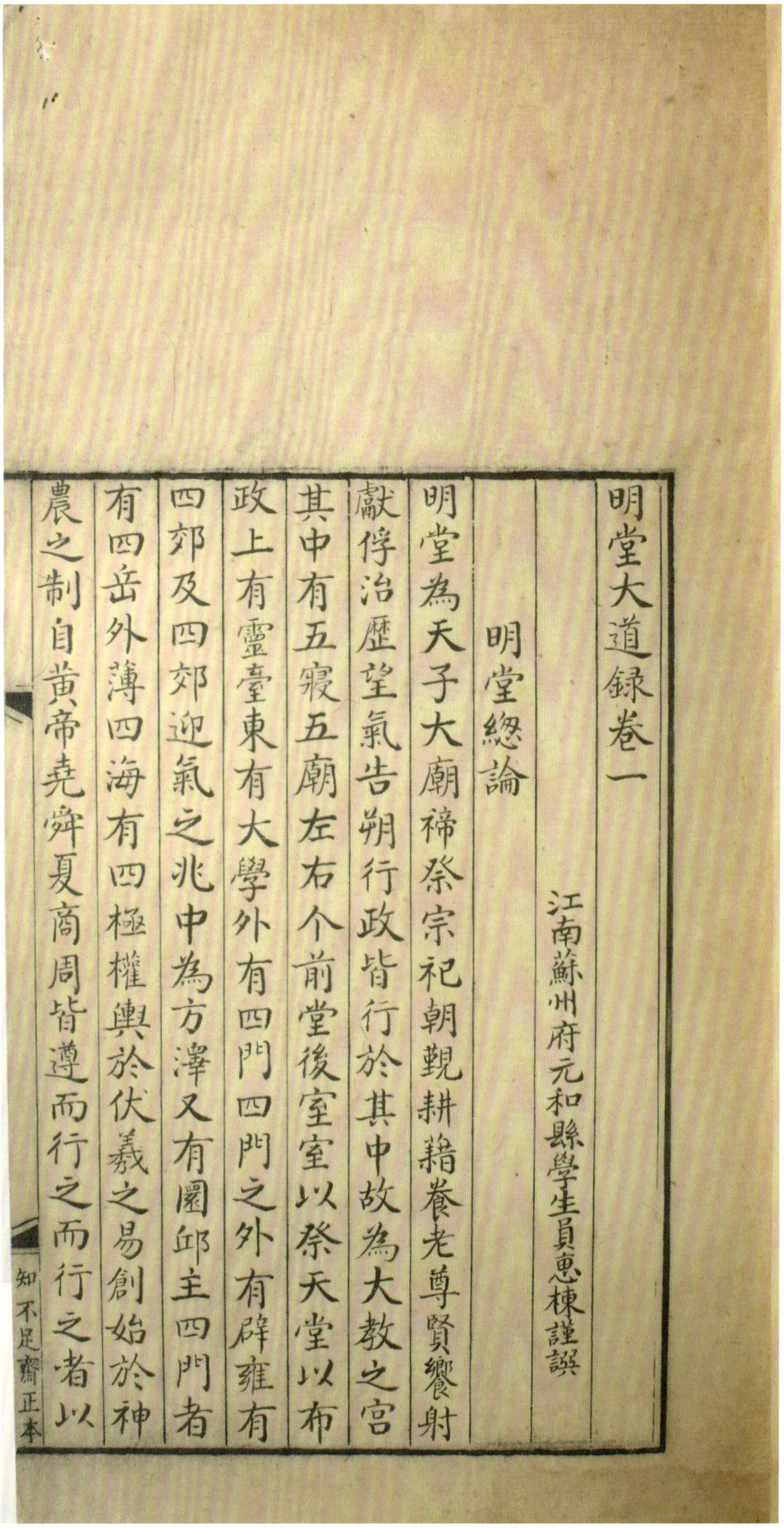

明堂大道録卷一

江南蘇州府元和縣學生員惠棟謹譔

明堂總論

明堂為天子大廟禘祭宗祀朝覲耕籍養老尊賢饗射

獻俘治歷望氣告朔行政皆行於其中故為大教之宮

其中有五寢五廟左右个前堂後室室以祭天堂以布

政上有靈臺東有大學外有四門四門之外有辟雍有

四郊及四郊迎氣之兆中為方澤又有圜邱主四門者

有四岳外薄四海有四極權輿於伏羲之易創始於神

農之制自黃帝堯舜夏商周皆遵而行之而行之者以

知不足齋正本

圖 076-2

97

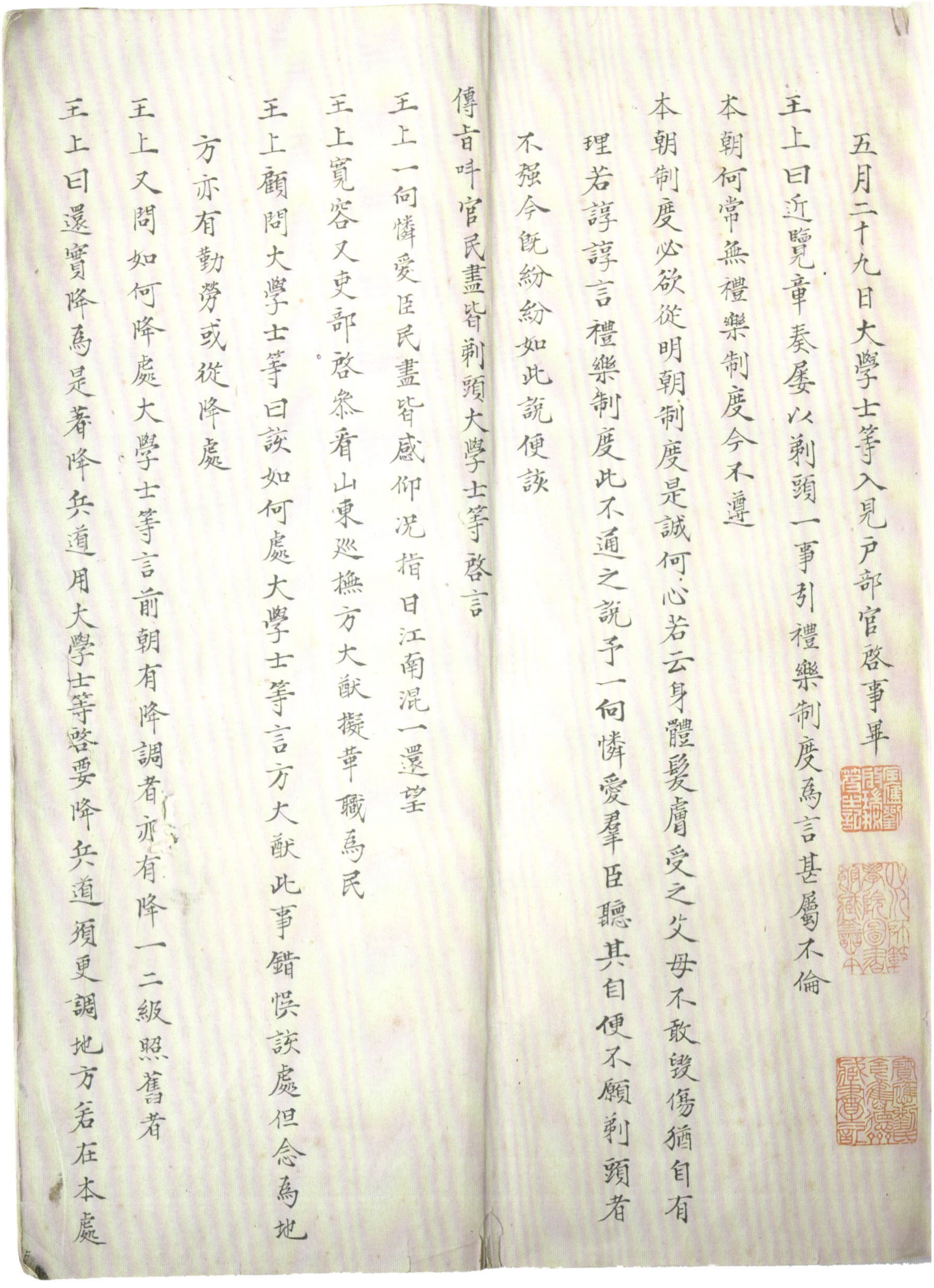

五月二十九日大學士等入見戶部官啟事畢

王上曰近覽章奏屢以剃頭一事引禮樂制度為言甚屬不倫

本朝何常無禮樂制度今不遵

本朝制度必欲從明朝制度是誠何心若云身體髮膚受之父母不敢毀傷猶自有

理若諄諄言禮樂制度此不通之說予一向憐愛羣臣聽其自便不願剃頭者

不強今既紛紛如此說便諛

傳吉哗官民盡皆剃頭大學士等啟言

王上一向憐愛臣民盡皆感仰況指日江南混一還望

王上寬容又吏部啟衆看山東巡撫方大猷擬革職為民

王上顧問大學士等曰諛如何處大學士等言方大猷此事錯悞諛處但念為地

方亦有勤勞或從降處

王上又問如何降處大學士等言前朝有降調者亦有降一二級照舊者

王上曰還實降為是著降兵道用大學士等啟要降兵道須更調地方若在本處

圖 077-1

077　清初皇父攝政王起居注不分卷（順治二年五月二十九日至七月初九日）

［清］李若琳等記　清順治二年（1645）鈔本（索書號：610.29/4041）

半葉十四行，行字不等，開本高40.0厘米，廣30.4厘米。有劉文興、王季烈等跋，有"寶應劉氏食舊德齋藏書記""寶應劉啓瑞秘笈之記"等印。

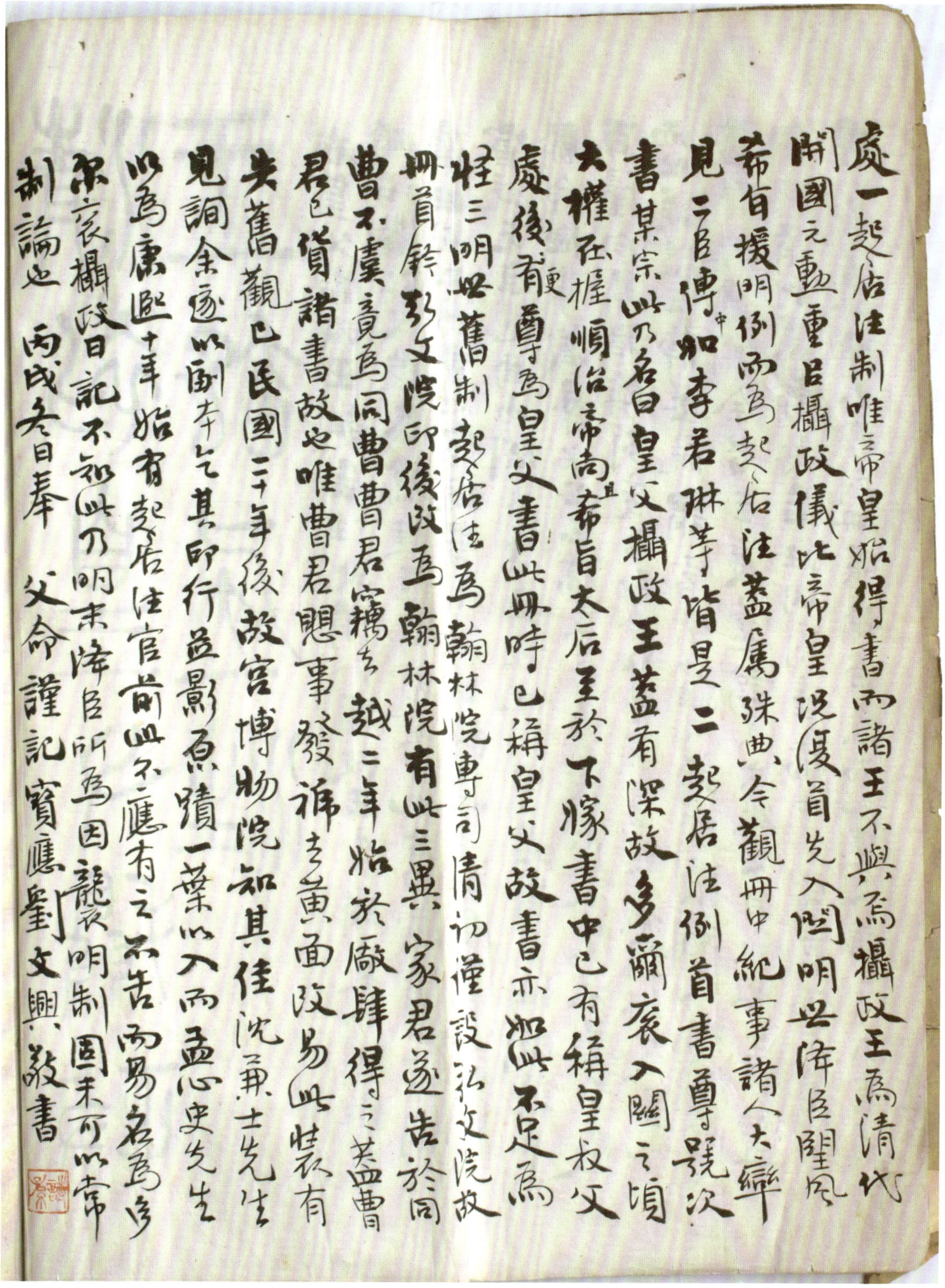

處一起居注制唯帝皇始得書而諸王不與為攝政王為清代
開國元勳重臣攝政儀比帝皇況浸首先入閣明此淳臣壁風
希首援明例兩為起居注蓋屬珠典令觀冊中紀事諸人大舉
見二名傳如李君琳芋皆是二起居注例首書尊號次
書某宗此乃名曰皇父攝政王蓋有深故多爾袞入關之頃
大權在握順治帝高希旨太后王於下嫁書中已有稱皇叔父
處後有復尊為皇父書此冊時已稱皇父故書亦如此定為
牲三明妃舊制起居注為翰林院專司情初僅設私文院故
冊首鈐影文院印後改為翰林院有此三異家君逐告於同
曹不虞竟為同曹曹君竊之 越二年始於廠肆得之其四曹
君色貸諸書故也唯曹君愿事發祥去黃面改易此悵有
其舊觀已民國二十年後故宮博物院初其佳沈兼士先生
見詢余逐以冊本之其即行益影烏蹟一葉以入而孟心史先生
此為康熙十年始有起居注官前此不應有之不告兩易名為多
蹤衰欄政日記不知此乃因龍衣明制圖未可以常
制論之 丙戌冬日奉 父命謹記賓應劉文興敬書

圖 077-2

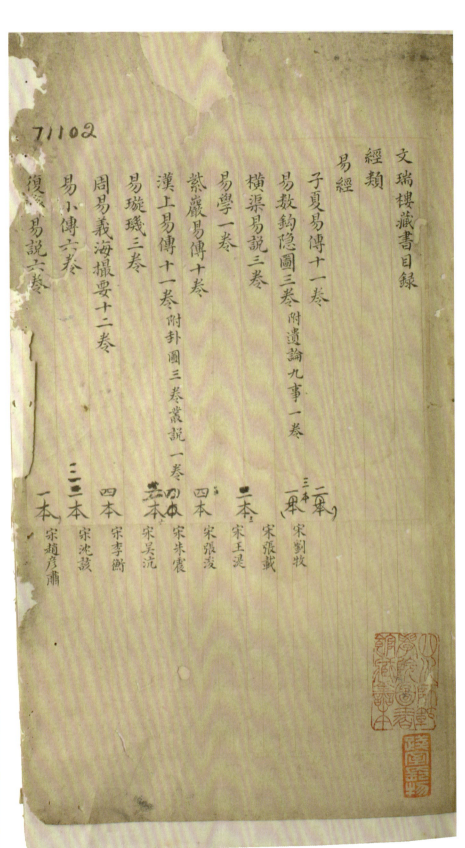

圖 078-1

078 文瑞樓藏書目錄不分卷

〔清〕金檀撰　稿本

（索書號：018.87/8040）

半葉十三行，行字不等，小字雙行，行字不等，白口，四周單邊。開本高30.6厘米，廣18.6厘米。有鮑廷博批校、陳迹跋，有"踐室長物"等印。第六批《國家珍貴古籍名錄》12604號。

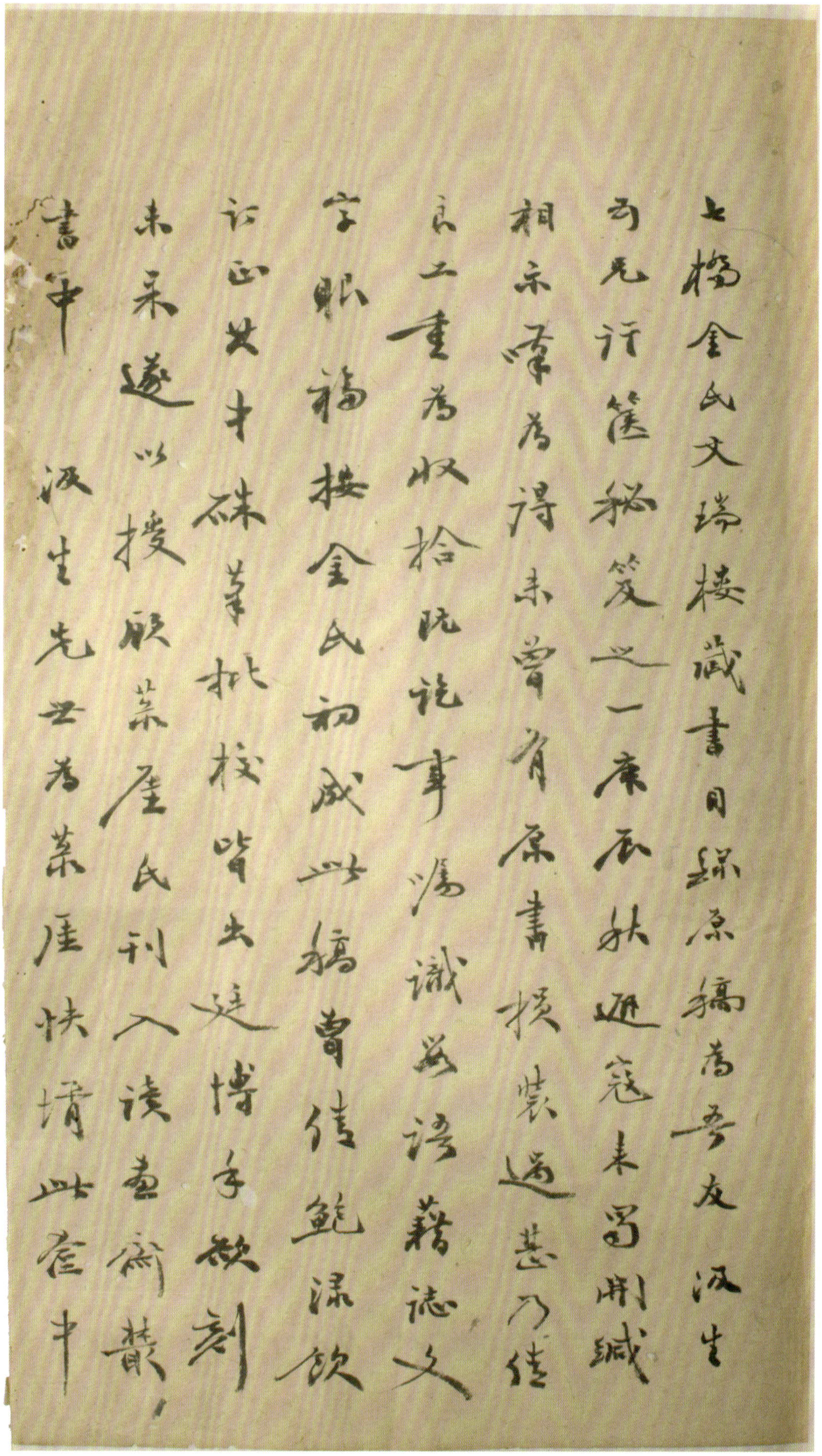

右檇金氏文瑞樓藏書目録原稿爲吾友汲生
司兄行篋秘笈之一庚辰秋避寇來蜀開緘
相示嘆爲得未曾有原書損敝過甚乃倩
良工重爲收拾既訖事隨識數語藉誌文
字眼福按金氏初成此稿曾傳鮑渌飲
訂正其才殊草率批校皆出廷博手欲刻
未果遂以授顧菉厓氏刊入讀畫齋叢
書中 汲生先世爲菉厓族猶此意中

圖 078−2

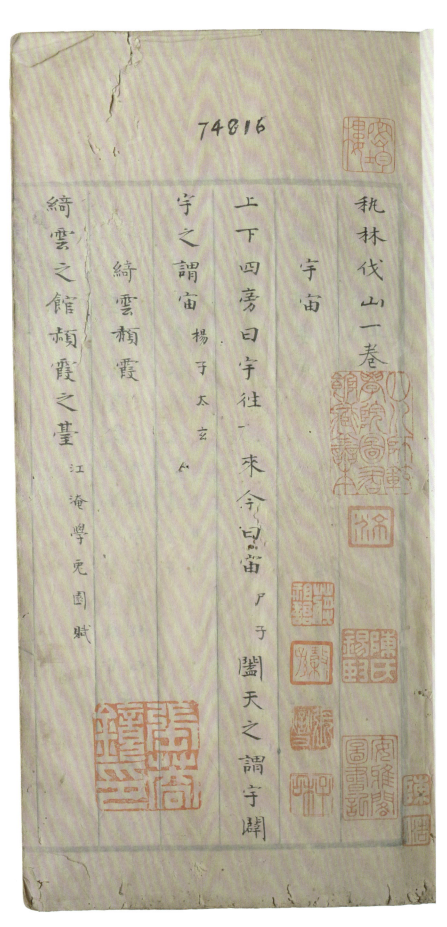

74816

升林伐山一卷

宇宙

上下四旁曰宇往來今日宙

宇之謂宙 楊子太玄

綺雲頹霞

綺雲之館頹霞之臺

江淹學兔園賦

闢天之謂宇闢

圖 079-1

079　升林伐山十一卷

[明] 楊慎撰　明崇禎元年（1628）安雅閣藍格鈔本（索書號：071.6/4700）

半葉六行，行二十字，小字雙行同。開本高25.0厘米，廣14.0厘米。有"張蓉鏡印"等印。

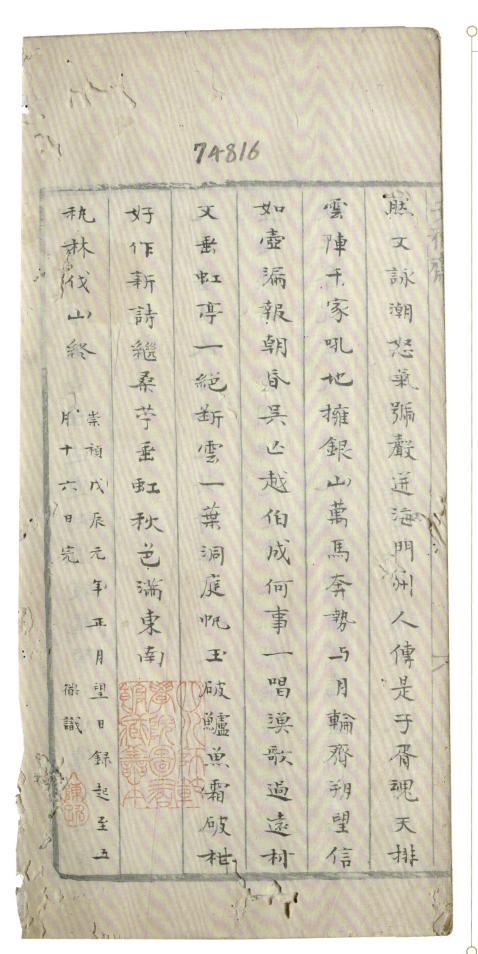

74816

燕又詠潮怒氣彌嚴遡海門斜人傳是于胥魂天排

雲陣千家吼地擁銀山萬馬奔勢与月輪齊朔望信

如壺漏報朝昏吳山越伯成何事一唱漠歌過遠村

又垂虹亭一絕斷雲一葉洞庭帆玉破鱸魚霜破柑

好作新詩繼桑苧垂虹秋色滿東南

秪林伐山終 崇禎戊辰元年正月望日錄起至五

月十六日完 徹識

圖 079-2

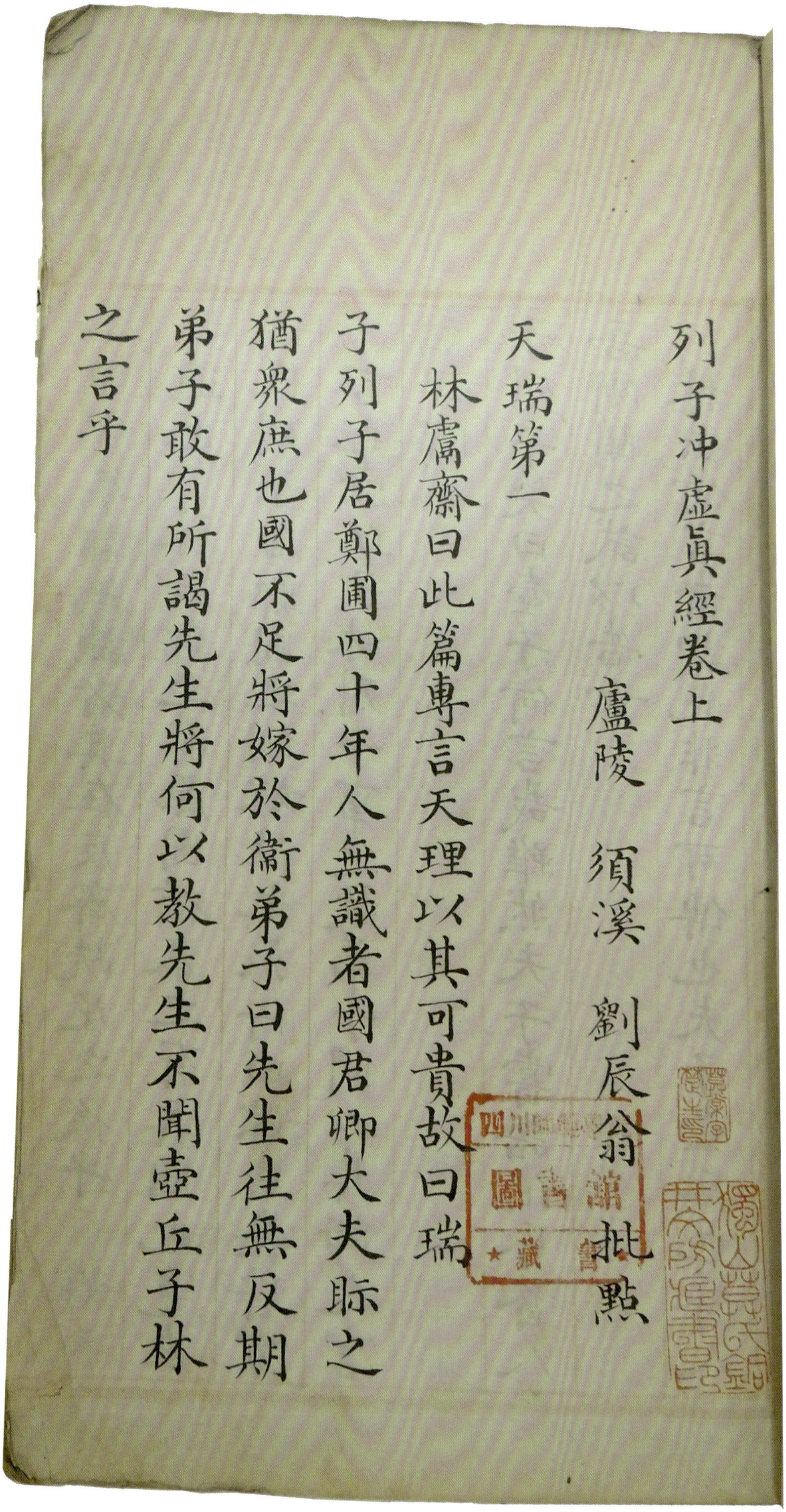

列子冲虛眞經卷上
廬陵　須溪　劉辰翁批點
天瑞第一
林鬳齋曰此篇專言天理以其可貴故曰瑞
子列子居鄭圃四十年人無識者國君卿大夫眂之
猶衆庶也國不足將嫁於衛弟子曰先生往無反期
弟子敢有所謁先生將何以敎先生不聞壺丘子林
之言乎

圖 080

080　列子冲虛真經二卷

［宋］劉辰翁批點　清內府紅格寫本（索書號：121.3252/1223）

半葉八行，行二十字。有“獨山莫氏銅井文房藏書印”等印。

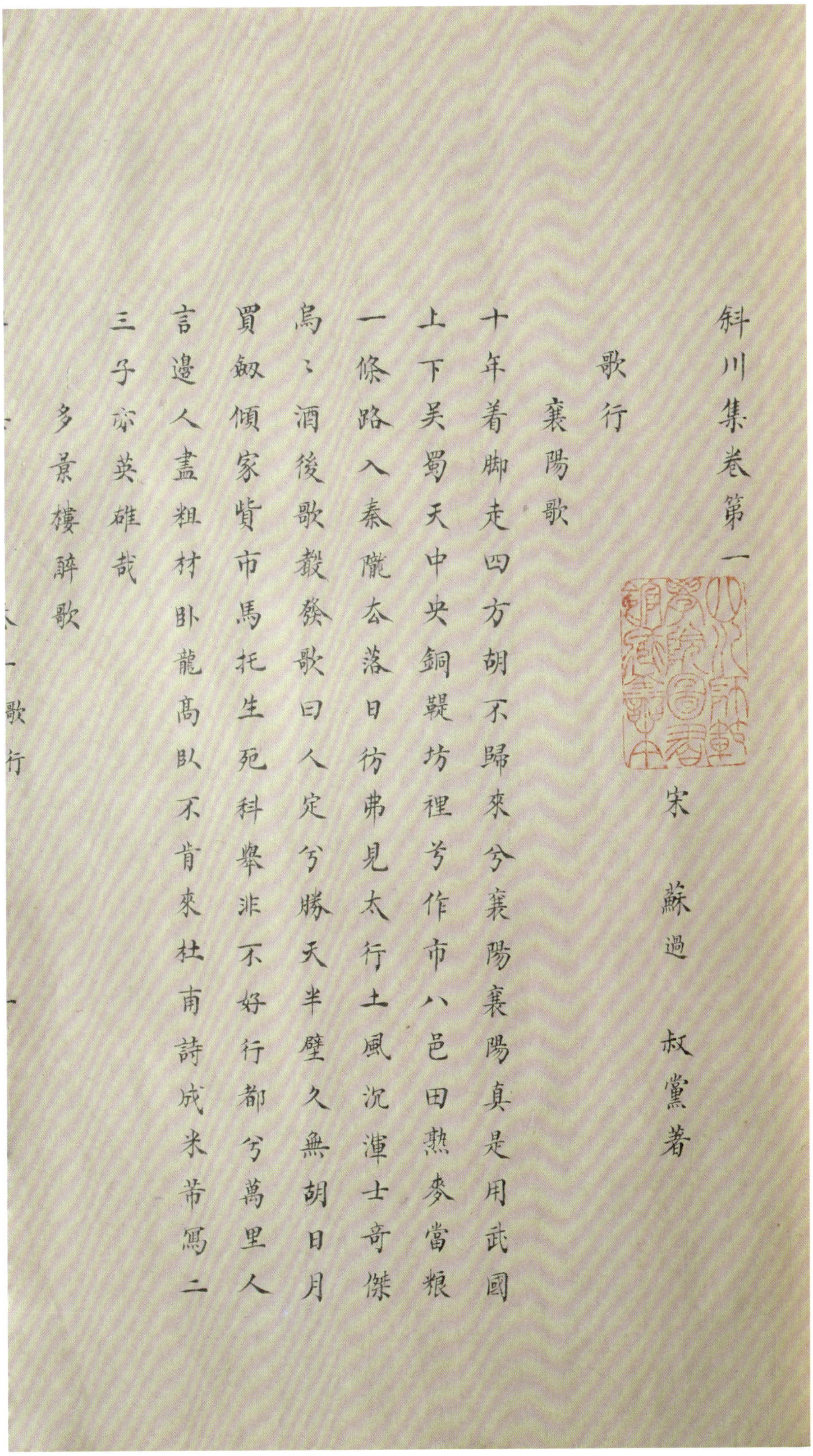

斜川集卷第一

宋　蘇過　叔黨著

歌行

襄陽歌

十年著腳走四方胡不歸來兮襄陽真是用武國
上下吳蜀天中央銅鞮坊裏芳作市八邑田熟麥當粮
一條入秦隴杳落日彷弗見太行土風沈渾士奇傑
烏烏酒後歌發歌曰人定兮勝天半壁久無胡日月
買劍傾家貲市馬托生死科舉非不好行都兮萬里人
言邊人盡粗材卧龍高臥不肯來杜甫詩成米芾寫二
三子亦英雄哉
多景樓醉歌

圖 081-1

081　斜川集十卷

〔宋〕蘇過著　舊鈔
本（索書號：832.11/7771）

半葉十二行，行二
十一字。開本高27.2厘
米，廣17.7厘米。有顧
作偉識語，有"朱彝尊
印""暴書亭珍藏"等
印。

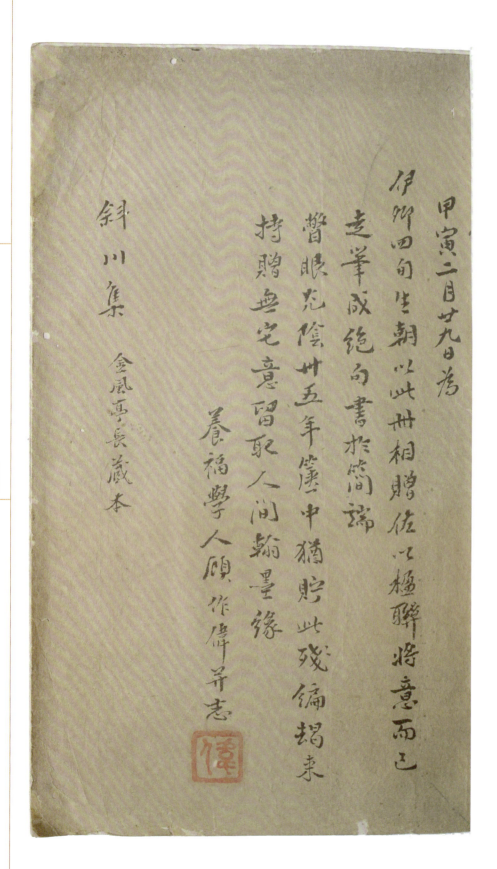

甲寅二月廿九日為

伊卿四旬生朝以此冊相贈佐以楹聯將意而已

走筆成絕句書於簡端

瞥眼光陰卅五年篋中猶貯此殘編捆束

持贈無它意留取人間翰墨緣

養福學人顧作偉并志

斜川集 金風亭長藏本

圖 081-2

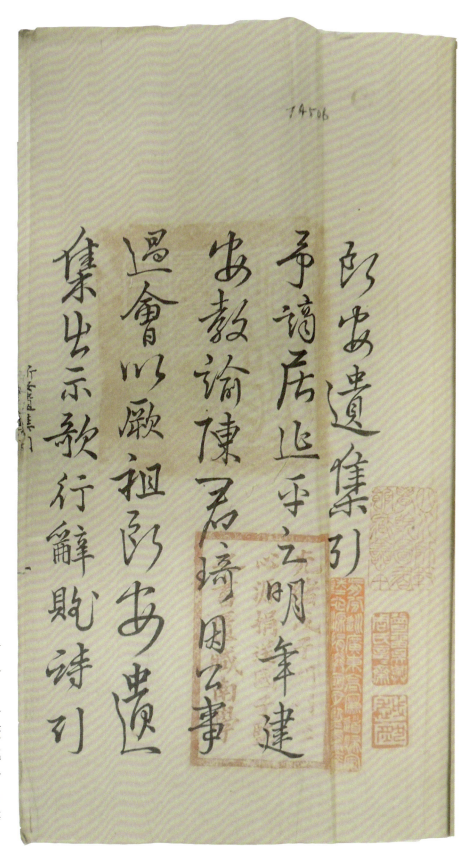

圖 082

082　所安遺集一卷

〔元〕陳泰著　〔元〕
陳光薦纂集　清光緒
十年（1888）陸氏鈔本
（索書號：846.4/7550）

半葉十行，行二十一
字。開本高27.5厘米，廣
17.5厘米。有"光緒戊
子湖州陸心源捐送國子
監之書匯藏南學""曾
留吳興周氏言言齋"等
印。

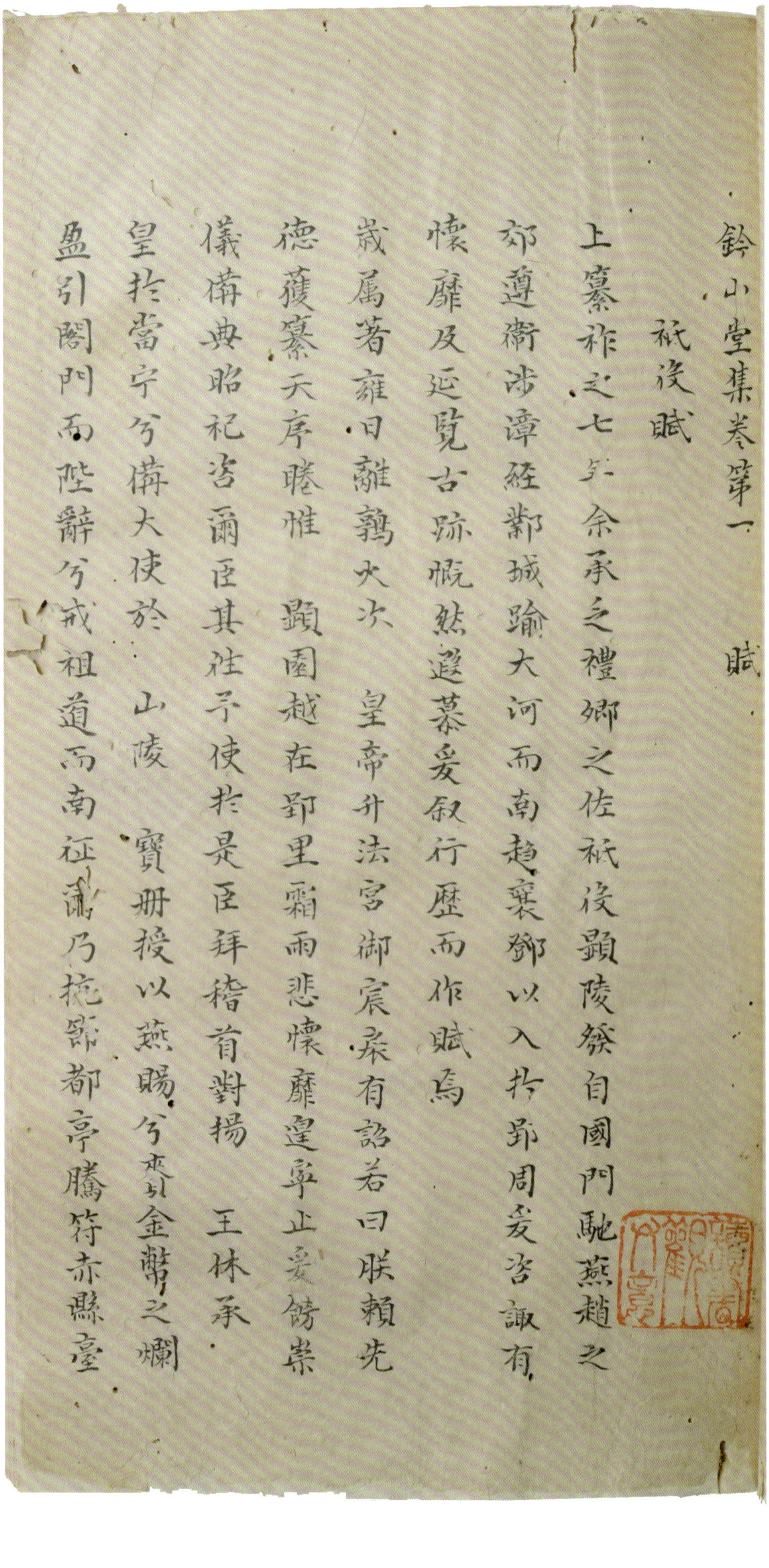

鈐山堂集卷第一　賦

祇役賦

上纂祚之七年余承之禮鄉之佐祇役顯陵發自國門馳燕趙之
郊遵衛涉漳經鄴城踰大河而南趨襄鄧以入於郢周爰諮有
懷靡及延覽古跡慨然遐慕爰敘行歷而作賦焉

歲屬著雍日離鶉火次　皇帝升法宮御宸衾有詔若曰朕賴先
德獲纂天序瞻惟　顯園越在郢里霜雨悲懷靡遑寧止爰餝崇
儀備典眧祀咨爾臣其往于使於是臣拜稽首對揚　王休承
皇拎當宁兮備大使於　山陵　寶冊授以燕賜兮爰引金幣之爛
盈引闥門而陛辭兮戒祖道而南征蕭乃撫轡都亭騰符赤縣臺

圖 083

083　鈐山堂集二十
六卷

〔明〕嚴嵩撰　舊鈔本
（索書號：846.6/6622）

　半葉十行，行二十五
字。開本高23.2厘米，廣
14.0厘米。有江椿序，
瑞穎、謝無量、李兰楨
題，有"讀書觀心意"
等印。

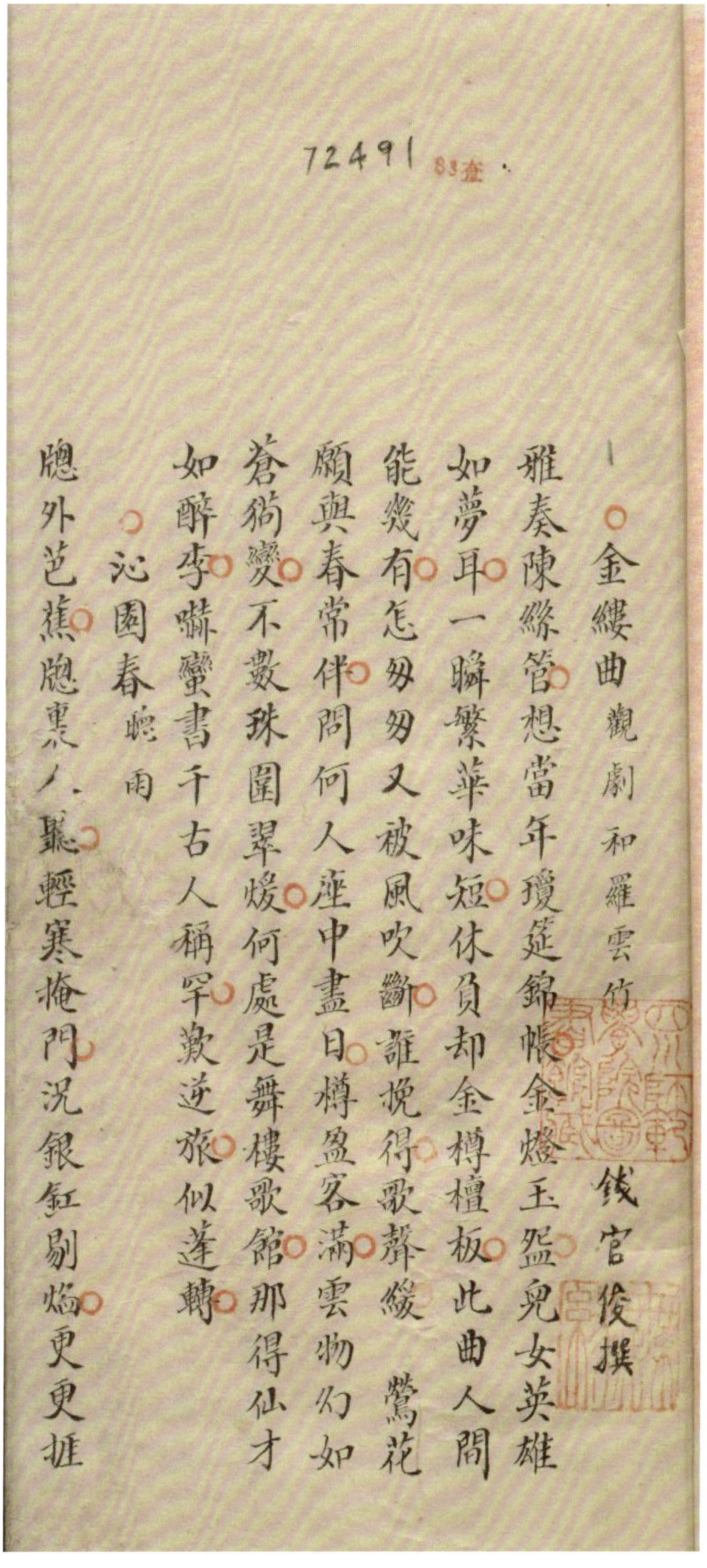

○金縷曲　觀劇　和羅雲竹　錢官俊撰

雅奏陳絲管想當年瓊筵錦帳金燈玉盌兒女英雄

如夢耳一瞬繁華味短休負却金樽檀板此曲人間

能幾有怎匆匆又被風吹斷誰悟得歌聲緩鶯花

願與春常伴問何人座中盡日樽盈客滿雲物幻如

蒼狗變不數珠圍翠煖何處是舞樓歌館那得仙才

如醉李嚇蠻書千古人稱罕歡逆旅似蓬轉

○沁園春　聽雨

匆外芭蕉匆裏人聽輕寒掩門況銀缸剔燼更更挑

圖 084

084　夢蝶生詞不分卷

［清］錢官俊撰　舊鈔本

（索書號：852.478/8332）

半葉九行，行二十字，小字雙行同。開本高24.2厘米，廣10.5厘米。

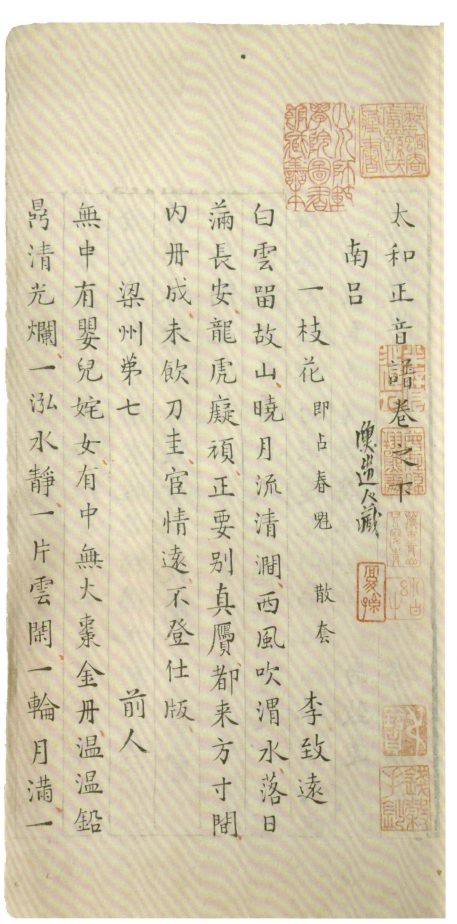

太和正音譜卷之下

南呂

一枝花 即占春魁 散套 李致遠

白雲留故山 曉月流清澗 西風吹渭水落日

滿長安龍虎巇碩正要別真贗都來方寸間

內冊成未飲刀圭官情遠不登仕版

梁州第七 前人

無中有嬰兒姹女有中無火棗金丹溫溫鉛

晶清光爛一泓水靜一片雲閒一輪月滿一

圖 085

085 太和正音譜三卷（存部分卷中及卷下）

〔明〕朱權撰 明錢穀鈔本（索書號：53.2/2544）

半葉九行，行十七字，小字雙行同，白口，四周單邊。開本高28.7厘米，廣17.1厘米。有"錢穀手鈔""叔寶"等印。第二批《國家珍貴古籍名錄》06586號。

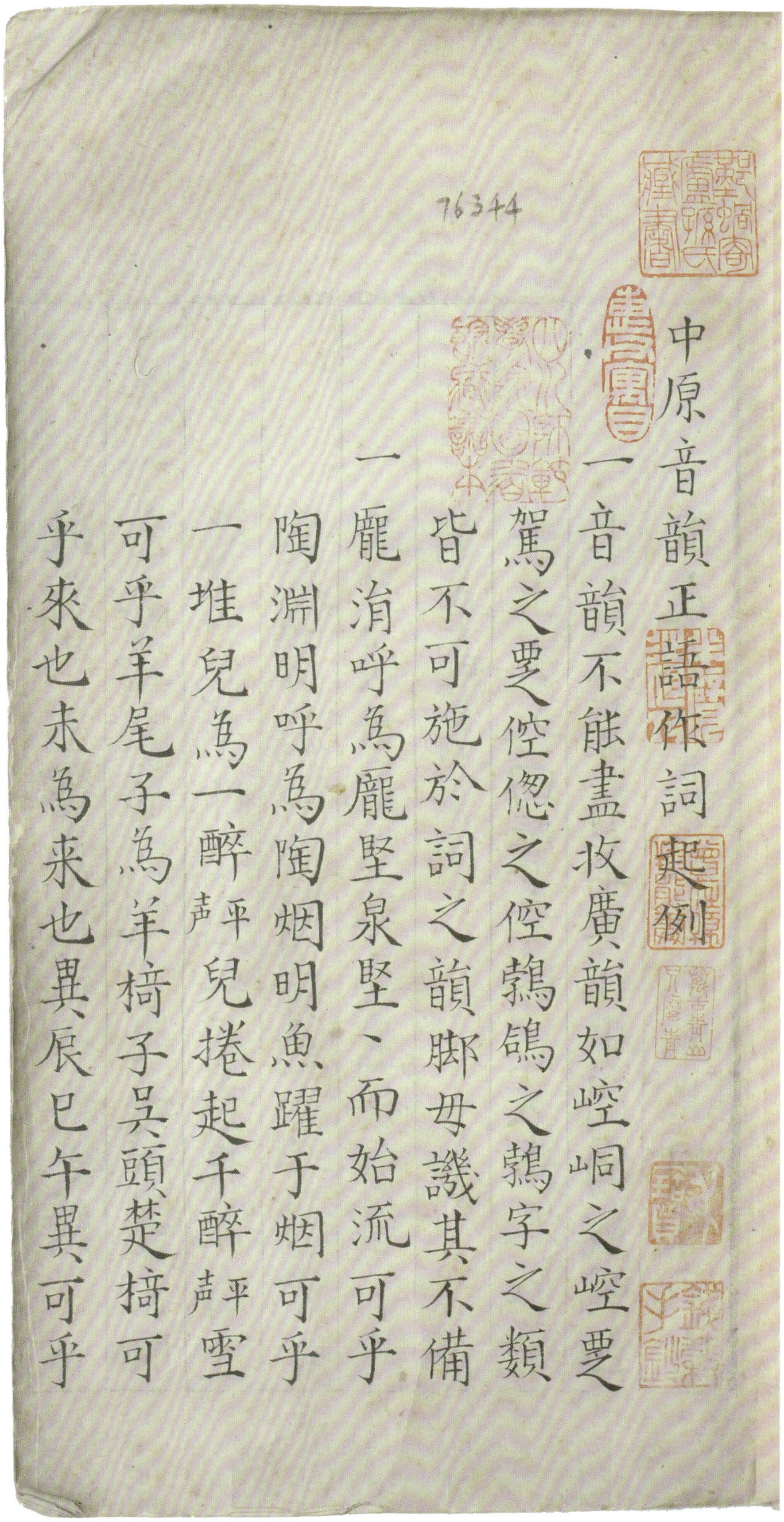

中原音韻正語作詞起例

一音韻不能盡收廣韻如崆峒之崆嶐
駕之参佽愍之佽鶒鴿之鶒字之類
皆不可施於詞之韻腳毋譏其不備
一麗消呼為麗堅泉堅、而始流可乎
陶淵明呼為陶烟明魚躍于烟可乎
一堆兒為一醉平声兒捲起千醉平声雪
可乎羊尾子為羊椅子吳頭楚掎可
乎來也未為來也異辰巳午異可乎

圖 086

086　中原音韻二卷
（存正語作詞起例部分）

［元］周德清撰　明
錢榖鈔本（索書號：
802.43/7723）

半葉九行，行十四
字，小字雙行，行二十
字，白口，四周單邊。
開本高28.7厘米，廣
17.1厘米。有"錢榖手
鈔""半臂道人""鄞
蝸寄廬孫氏藏書"等
印。第三批《國家珍貴
古籍名錄》09574號。

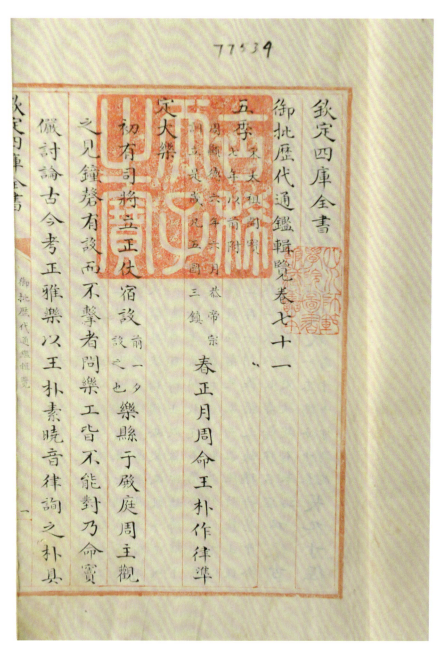

圖 087-1

　　087　四庫全書零本十八種（存後漢書卷六十八至七十，隋書卷二十一至二十二，舊唐書卷九十一至九十二，唐書卷一百五十至一百五十二，舊五代史卷二十四至二十六、一百二十六至一百三十二，五代史卷二十一至二十四，續資治通鑑長編卷三百四十六至三百五十六、三百五十九至三百六十、三百七十三至三百七十四，建炎以來繫年要錄卷一百七十五至一百七十六，西漢年紀卷二十四至二十五，御批歷代通鑑輯覽卷七十一，平定準噶爾方略正編卷三十五至三十八，欽定平定兩金川方略卷四十至四十二、一百十九至一百二十一，繹史卷八十六之四、一百四十七下，東觀漢記卷六至十一，古史卷十七，通志卷八十七，歷代名臣奏議卷二百一，江南通志卷一百九十七）

　　［清］高宗弘曆敕編　　清內府鈔本（索書號：GSSK01-18）

　　半葉八行，行二十一字，小字雙行同，開本高27.9厘米，廣17.3厘米。卷端鈐"古稀天子之寶"印，末鈐"乾隆御覽之寶"印。第五批《國家珍貴古籍名錄》11567號、11568號、11570號、11571號、11560號、11561號、11589號、11590號、11587號、11585號、11606號、11607號、11605號、11565號、11557號、11558號、11627號、11657號。

活 字 本

雕版印刷術自唐中期發明以後，至北宋
年間已廣泛應用，相較於手寫，效率明顯提
高。但雕版的成本高、耗時長，於是發明了
活字印刷術。活字本因製作活字的原料不
同，又可分爲木活字本、金屬活字本、泥活
字本等。明、清兩代，木活字本普遍流行，
存世的活字印本以此類居多。錫、銅、鉛等
金屬活字本在元、明也相繼出現，其中以銅
活字本最爲著名。本書收錄館藏活字本四
種。

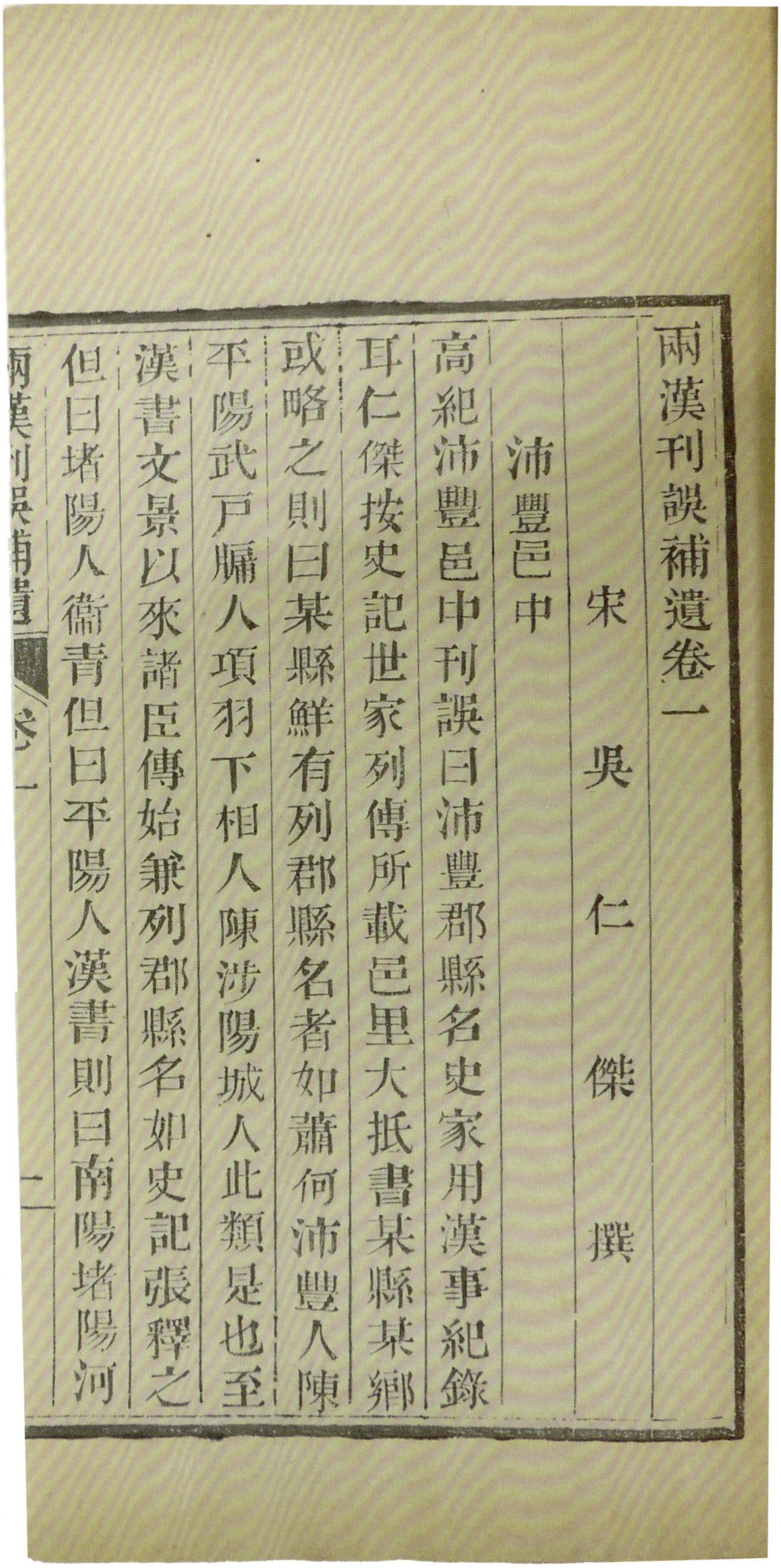

兩漢刊誤補遺卷一

宋 吳 仁 傑 撰

沛豐邑中

高紀沛豐邑中刊誤曰沛豐郡縣名史家用漢事紀錄

耳仁傑按史記世家列傳所載邑里大抵書某縣某鄉

或略之則曰某縣鮮有列郡縣名者如蕭何沛豐人陳

平陽武戶牖人項羽下相人陳涉陽城人此類是也至

漢書文景以來諸臣傳始兼列郡縣名如史記張釋之

但曰堵陽人儁青但曰平陽人漢書則曰南陽堵陽河

圖 088

088　兩漢刊誤補遺十卷

〔宋〕吳仁傑撰　清乾隆武英殿木活字本（索書號：622/2622）

半葉九行，行二十一字，白口，四周雙邊。框高19.2厘米，廣12.5厘米。

115

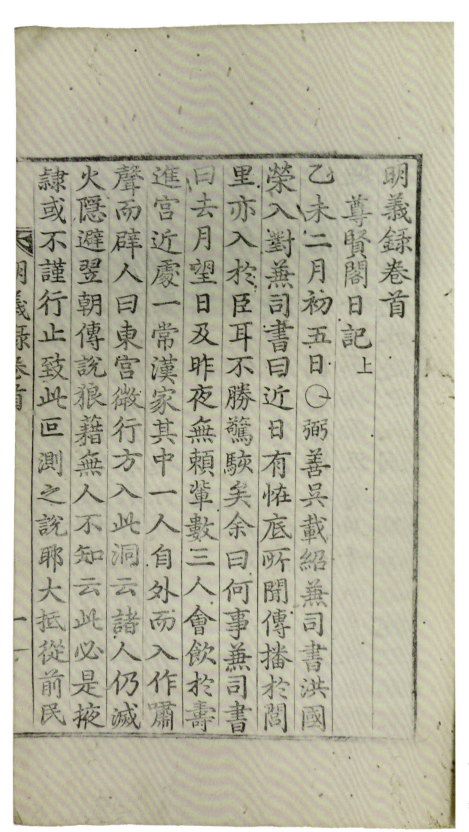

圖 089

089　明義錄三卷

〔高麗〕金致仁等編

朝鮮雲閣活字本（索書號：750.321/8012）

半葉十行，行十八字，框高25.1厘米，廣18.0厘米。

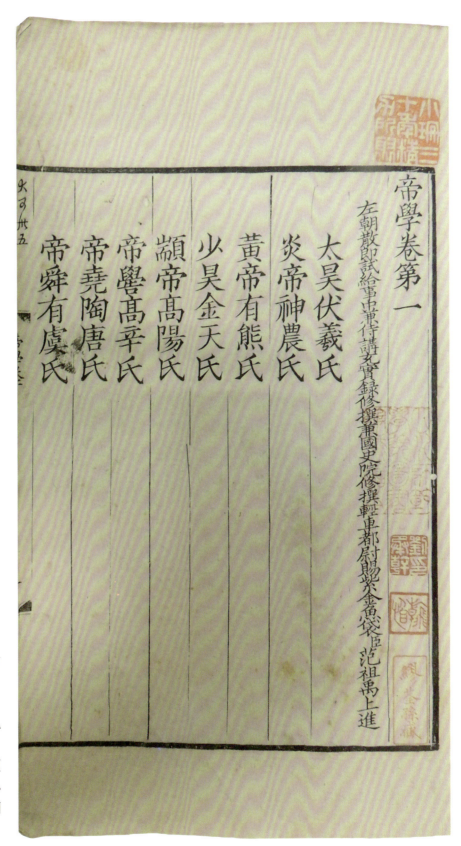

帝學卷第一

左朝散郎試給事中兼侍講充實錄修撰兼國史院修撰輕車都尉賜紫金魚袋臣范祖禹上進

太昊伏羲氏

炎帝神農氏

黃帝有熊氏

少昊金天氏

顓頊帝高陽氏

帝嚳高辛氏

帝堯陶唐氏

帝舜有虞氏

圖 090-1

090　帝學八卷

〔宋〕范祖禹撰　清初木活字本（索書號：573.42/8832）

半葉十行，行十九字，小字雙行同，白口，左右雙邊。框高19.3厘米，廣14.4厘米。有"小珊三十年精力所聚""劉印承幹"等印。

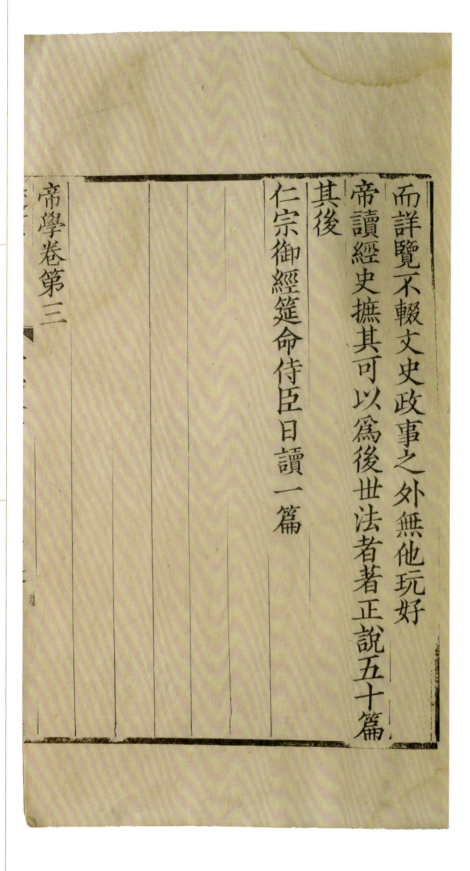

而詳覽不輟文史政事之外無他玩好

帝讀經史撫其可以爲後世法者著正說五十篇

其後

仁宗御經筵命侍臣日讀一篇

帝學卷第三

圖 090-2

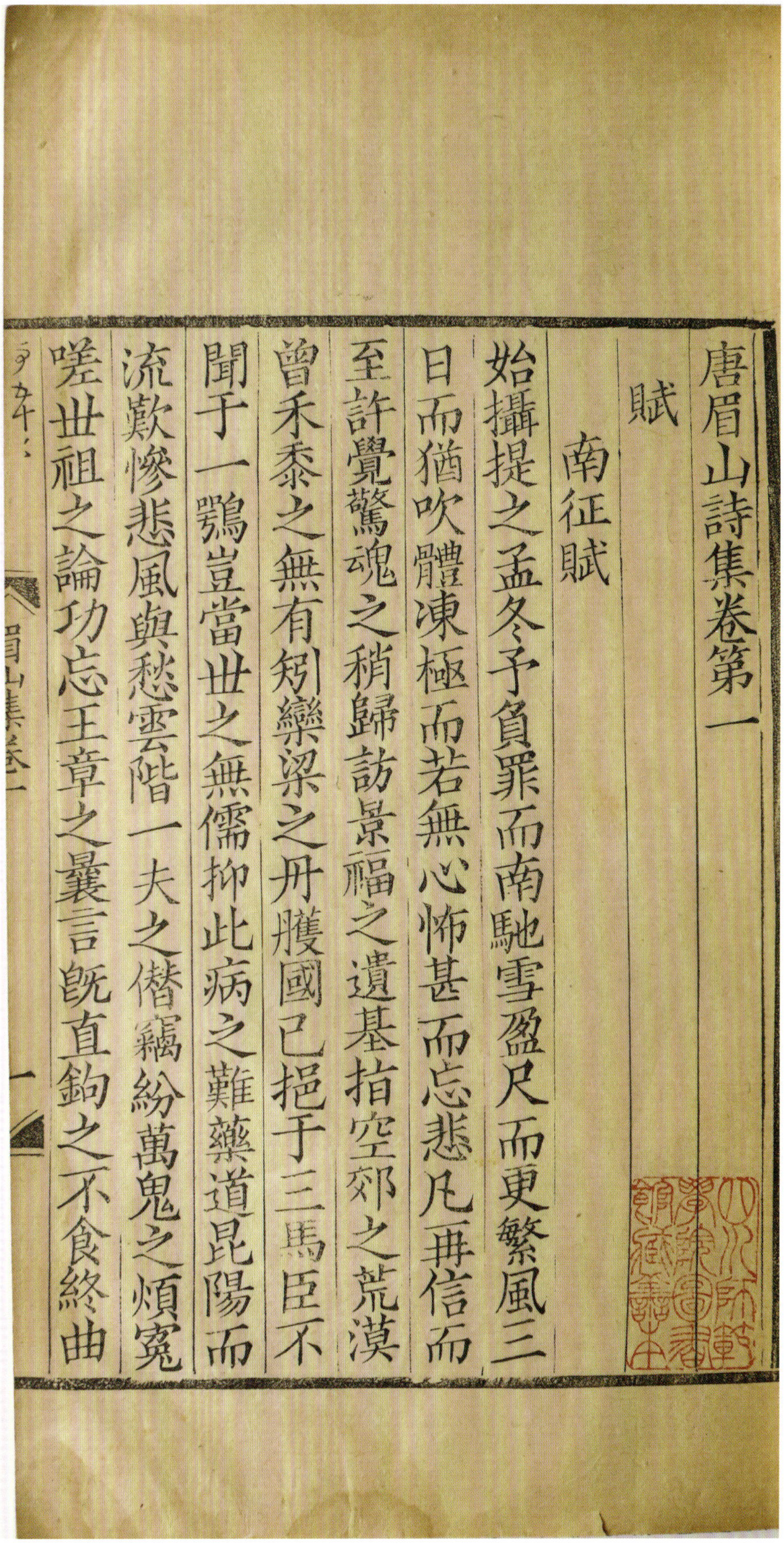

唐眉山詩集卷第一

賦

南征賦

始攝提之孟冬予負罪而南馳雪盈尺而更繁風三
日而猶吹體凍極而若無心怖甚而忘悲凡毋信而
至許覺驚魂之稍歸訪景福之遺基指空郊之荒漠
曾禾黍之無有短樂梁之丹膜國已把于三馬臣不
聞于一鶚豈當世之無儒抑此病之難藥道昆陽而
流歎慘悲風與愁雲階一夫之僭竊紛萬鬼之煩寃
嗟世祖之論功忘王章之曩言既直鉤之不食終曲

圖 091

091　唐眉山詩集十
卷

　［宋］唐庚撰　清
初木活字本（索書號：
845.15/0000）

　　半葉十行，行二十
字，白口，左右雙邊。
框高19.5厘米，廣14.7厘
米。

套 印 本

套印本，是指用不同顏色套印而成的圖書，它來源於多色寫本。隨着雕版印刷技術的進步和圖書市場的繁榮，書商通過不斷嘗試雕版印刷呈現寫本的多種顏色。常見的套印本有朱色和墨色套印本，此外，有三色或四色套印本，甚至有五色或六色套印本。據研究，元代就已出現了朱色和墨色套印本，但直到明代萬曆年間，套印才得以廣泛應用，其中吳興閔氏、凌氏最具代表性。本書收錄館藏套印本十種。

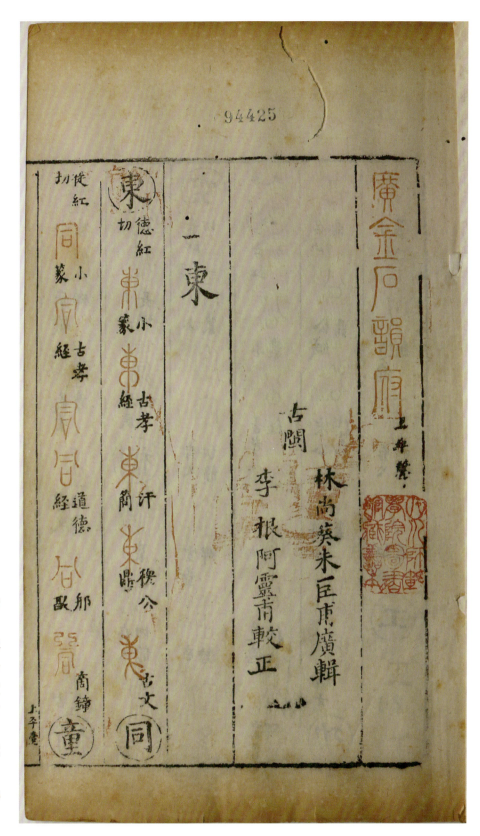

圖 092-1

092　廣金石韻府
五卷附字略一卷

　　〔清〕林尚葵廣輯
　　〔清〕李根校正　清
康熙九年（1670）大業
堂刻朱墨套印本（索書
號：802.292/4494）

　　半葉六行，行字不
等，白口，四周單邊。
框高21.7厘米，廣14.6
厘米。

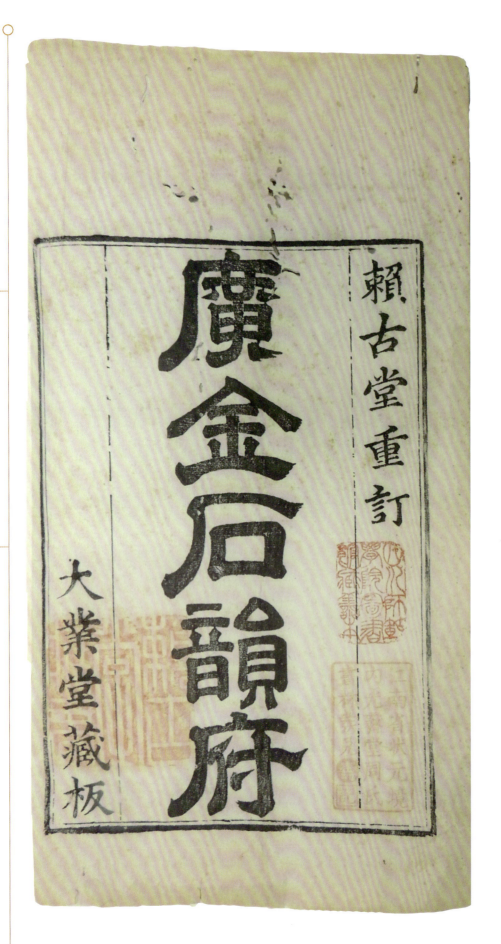

賴古堂重訂

廣金石韻府

大業堂藏板

圖 092-2

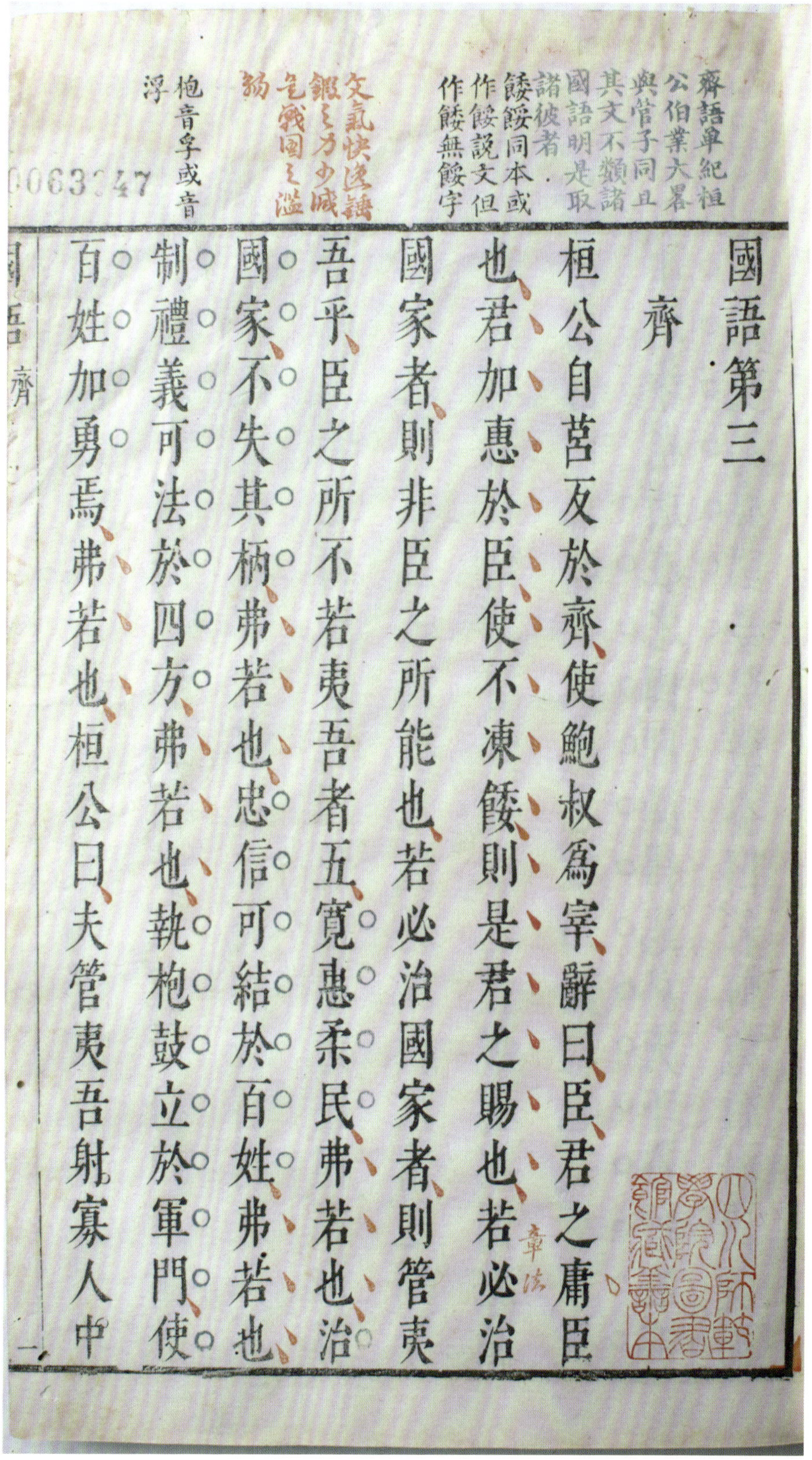

齊語單紀桓公伯業六暑與管子同且其文不類諸國語明是取諸被者·餒餒同本或作餒說文但作餒無餒字

交氣快浚語銀之力少臧气戰囘三溢豽

炮音孚或音浮

國語第三
齊

桓公自莒反於齊使鮑叔爲宰辭曰臣君之庸臣
也君加惠於臣使不凍餒則是君之賜也若必治
國家者則非臣之所能也若必治國家者則管夷
吾乎臣之所不若夷吾者五寬惠柔民弗若也治
國家不失其柄弗若也忠信可結於百姓弗若也
制禮義可法於四方弗若也執枹鼓立於軍門使
百姓加勇焉弗若也桓公曰夫管夷吾射寡人中

國語齊

圖 093-1

093　國語九卷
　［明］閔齊伋裁注
明萬曆四十七年（1619）
閔齊伋刻三色套印本（索
書號：621.77/7227）
　　半葉九行，行十九
字，小字雙行同，白
口，四周單邊。框高21.0
厘米，廣15.0厘米。

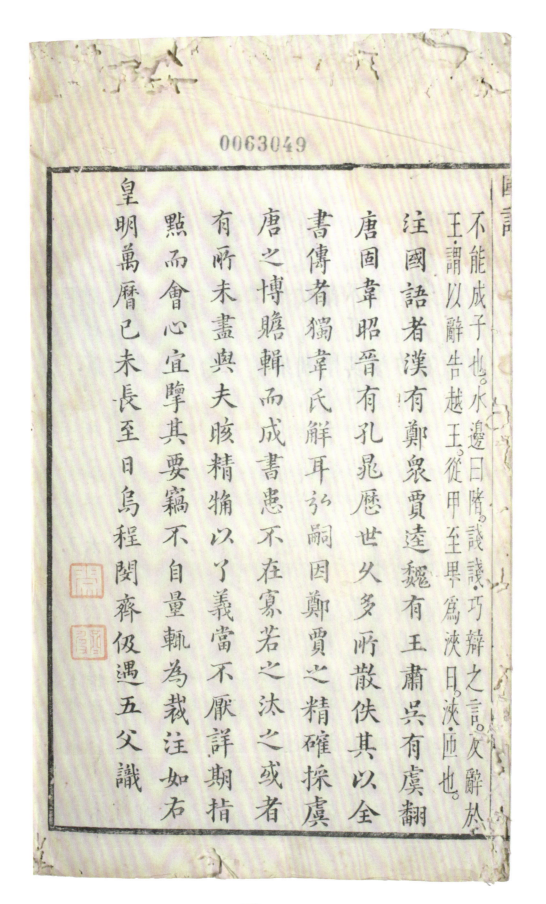

不能成子也。水邊曰澨。議議。巧辯之言。友辭於
王。謂以辭告越王。從甲至畢爲浹日。浹匝也。
注國語者漢有鄭眾賈逵魏有王肅吳有虞翻
唐固韋昭晉有孔晁歷世久多所散佚其以全
書傳者獨韋氏解耳弘嗣因鄭賈之精確採虞
唐之博贍輯而成書患不在寡若之沐之或者
有所未盡與夫晐精覈以了義當不厭詳期指
點而會心宜畢其要竊不自量輒爲裁注如右
皇明萬曆己未長至日烏程閔齊伋遇五父識

圖 093-2

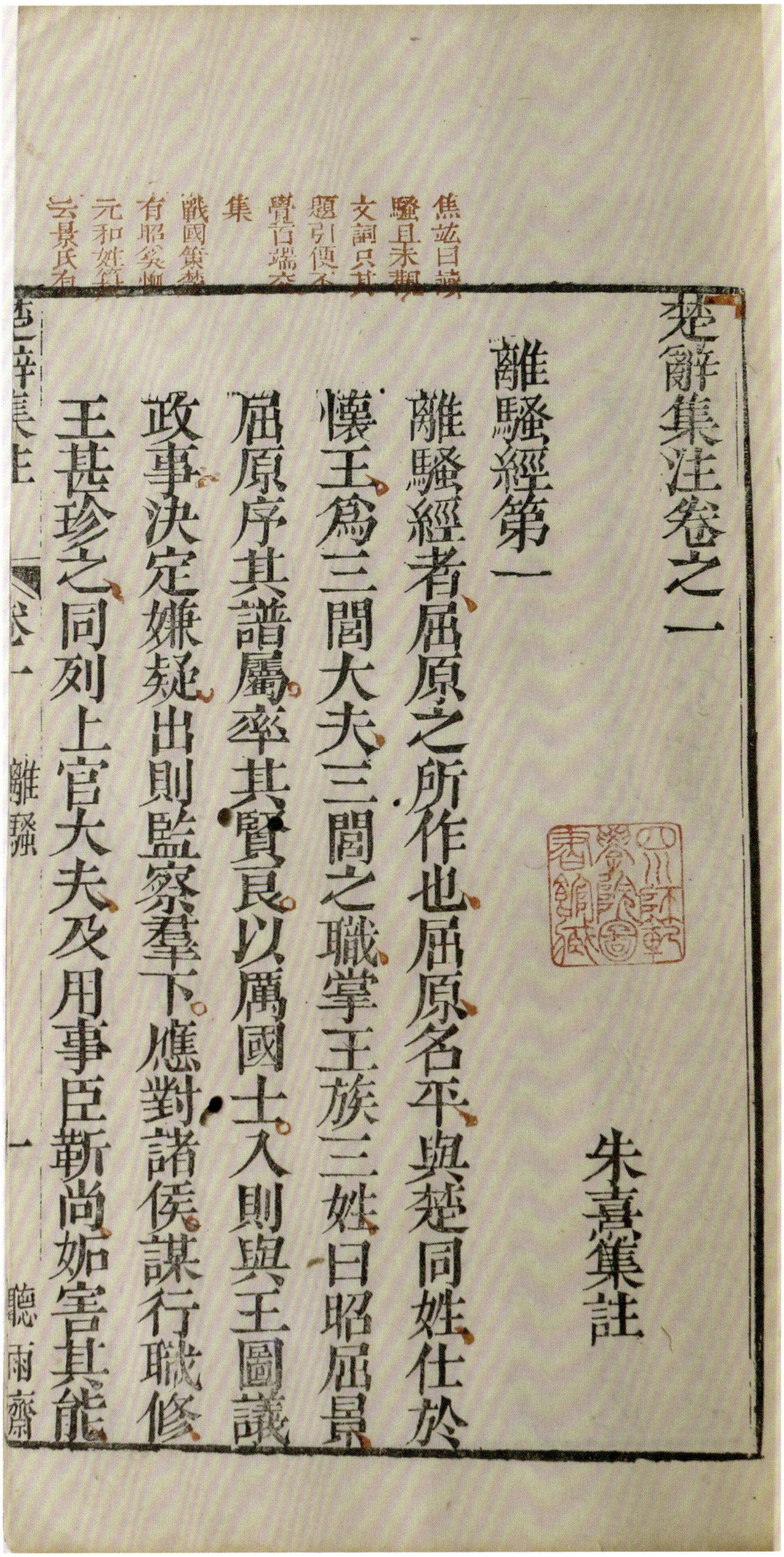

楚辭集注卷之一　朱熹集註

離騷經第一

離騷經者屈原之所作也屈原名平與楚同姓仕於
懷王為三閭大夫三閭之職掌王族三姓曰昭屈景
屈原序其譜屬率其賢良以厲國士入則與王圖議
政事決定嫌疑出則監察羣下應對諸侯謀行職修
王甚珍之同列上官大夫及用事臣靳尚妬害其能

焦竑曰讀
騷且未觀
支詞只其
題引便不
贊百端交
集
戰國策卷
有昭奚恤
元和姓纂
云景氏有

楚辭集注　卷一　離騷　一　聽雨齋

圖 094

094　楚辭集注八卷
　［宋］朱熹集注　清
聽雨齋刻朱墨套印本（索
書號：832.1252/2540）
　　半葉八行，行二十二
字，白口，左右雙邊。
框高19.9厘米，廣13.0厘
米。

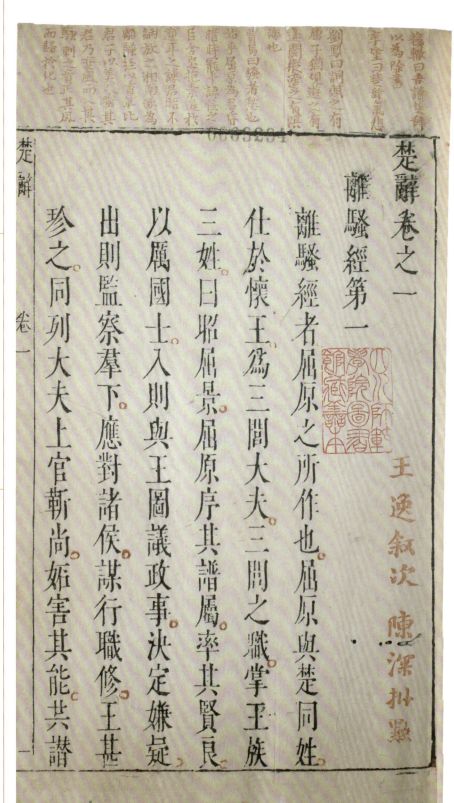

珍之同列大夫上官靳尚姤害其能共譖

出則監察舉下應對諸侯謀行職修王甚

以屬國士入則與王圖議政事決定嫌疑

三姓曰昭屈景屈原序其譜屬率其賢良

仕於懷王爲三閭大夫三閭之職掌王族

離騷經者屈原之所作也屈原與楚同姓

離騷經第一

楚辭卷之一　　　　　　　王逸叙次　陳深批點

圖 095

095　楚辭十七卷附錄一卷

［漢］王逸叙次　［明］陳深批點　明萬曆二十八年（1600）吳興凌毓枬刻朱墨套印本（索書號：832.11/7771）

半葉八行，行十八字，白口，四周單邊。框高21.7厘米，廣14.8厘米。

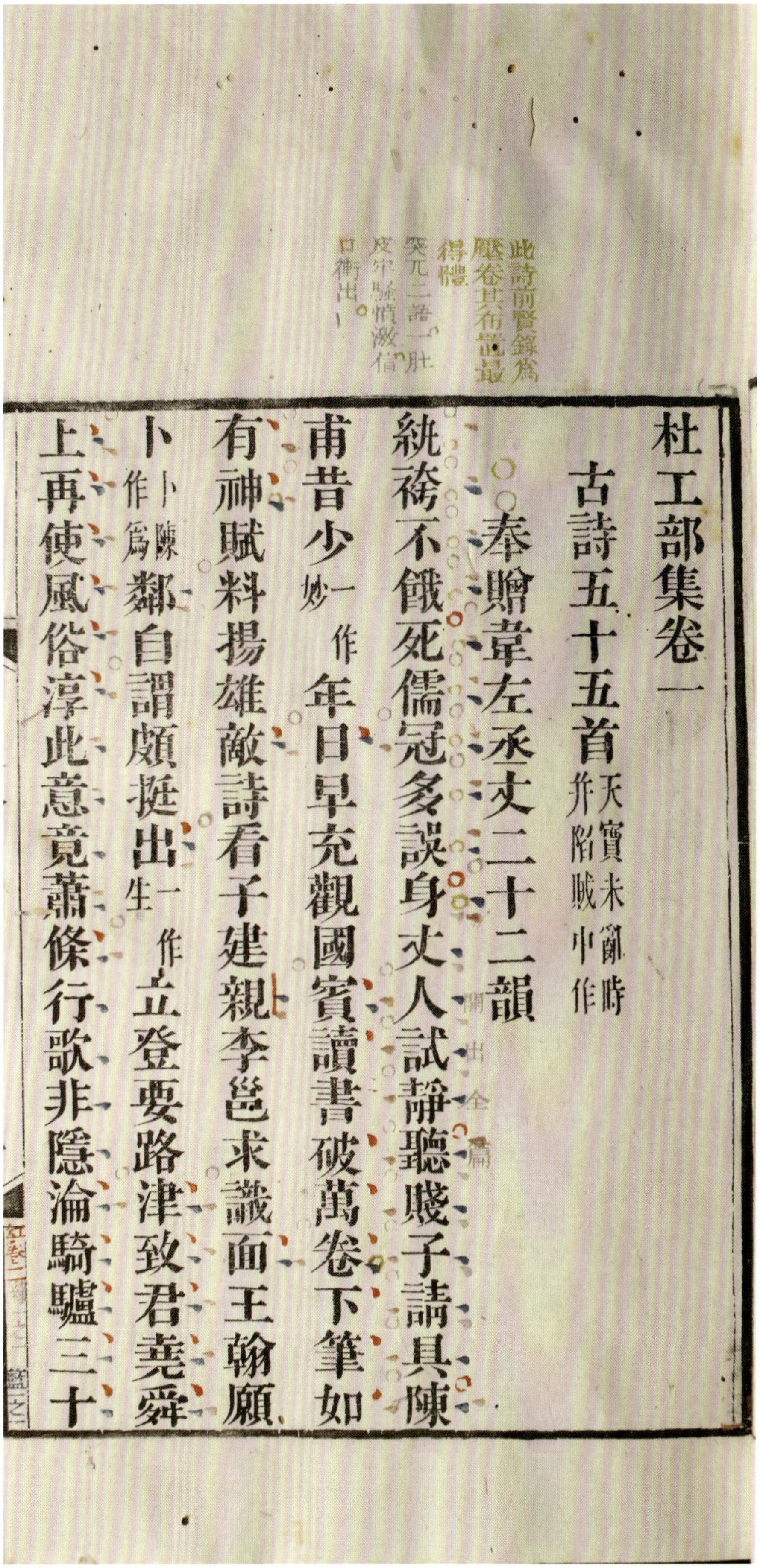

此詩前賢錄為
歷卷其布當最
得體
癸元二語一肚
戌年驕憤激信
□衡出

杜工部集卷一

古詩五十五首 天寶未亂時并陷賊中作

奉贈韋左丞丈二十二韻 開出全篇

紈袴不餓死儒冠多誤身丈人試靜聽賤子請具陳

甫昔少妙一作年日早充觀國賓讀書破萬卷下筆如

有神賦料揚雄敵詩看子建親李邕求識面王翰願

卜卜作為鄰自謂頗挺出一作生立登要路津致君堯舜

上再使風俗淳此意竟蕭條行歌非隱淪騎驢三十

圖 096-1

096 杜工部集二十卷

[唐]杜甫撰 [清]盧坤輯評 清道光十四年（1834）芸葉盫刻五色套印本（索書號：844.15/4453）

半葉八行，行二十字，小字雙行同，黑口，左右雙邊。框高17.8厘米，廣13.8厘米。

道光甲午季冬

杜工部集

五家評本

王世貞

王士禛

王慎中

邵長蘅

朱鶴齡

元美

阮亭

遵巖

子湘

裝仲

紫筆

藍筆

綠筆

絲筆

黃筆

芸葉盦藏板

圖 096-2

130

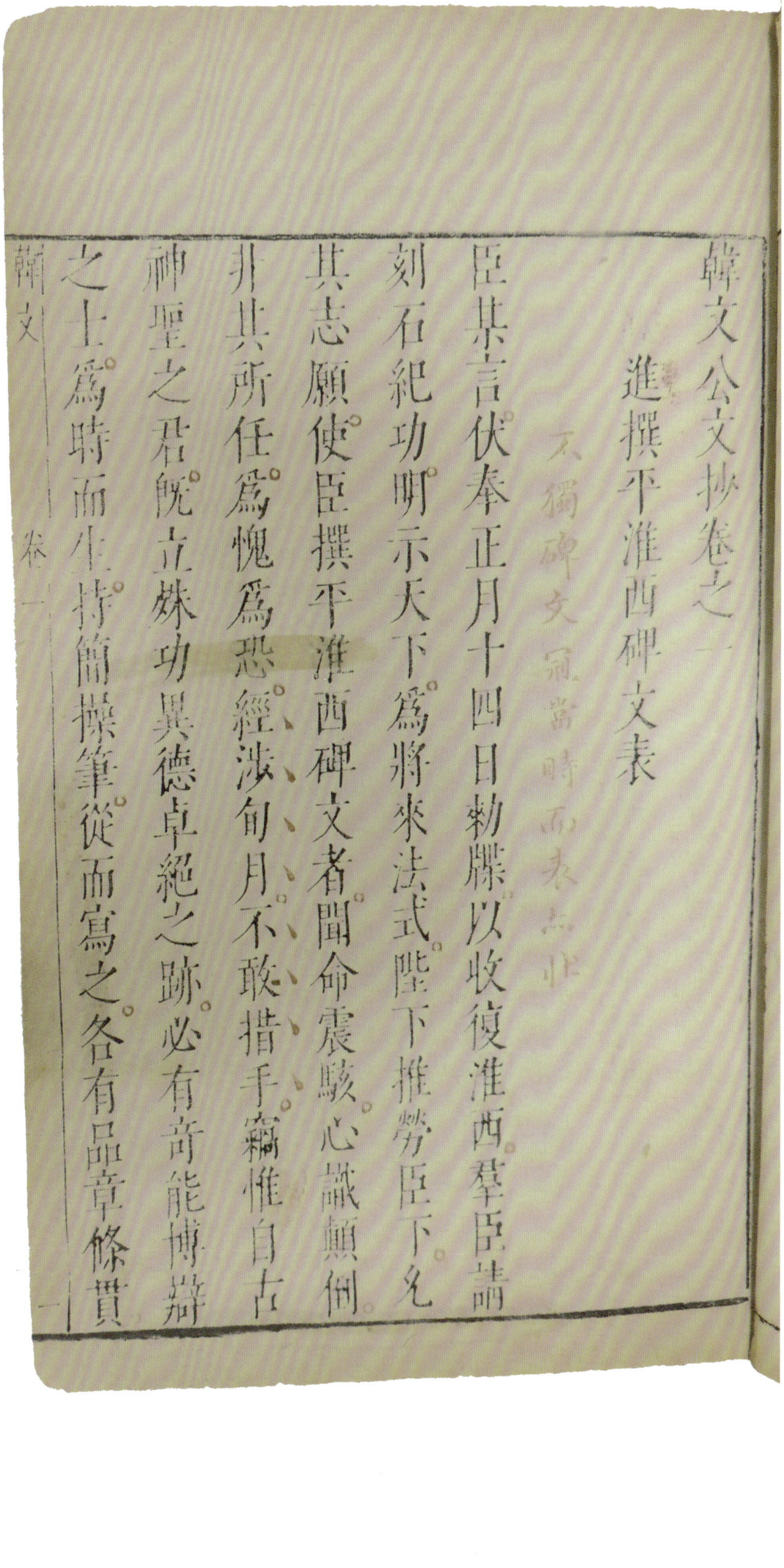

圖 097

097　韓文公文抄十六卷

[唐]韓愈撰　[明]茅坤評　明刻朱墨套印本（索書號：844.16/4480）

半葉九行，行二十字，白口，四周單邊。框高20.8厘米，廣14.7厘米。

韓文公文抄卷之一

進撰平淮西碑文表

不獨碑文冠當時而表亦壯

臣某言伏奉正月十四日勑牒以收復淮西羣臣請刻石紀功明示天下爲將來法式䜭下推勞臣下免其志願使臣撰平淮西碑文者聞命震駭心識顛倒非其所任爲愧爲恐經涉旬月不敢措手竊惟自古神聖之君皆立殊功異德卓絕之跡必有商能博辯之士爲時而生持簡揮筆從而寫之各有品章條貫

韓文　卷一　一

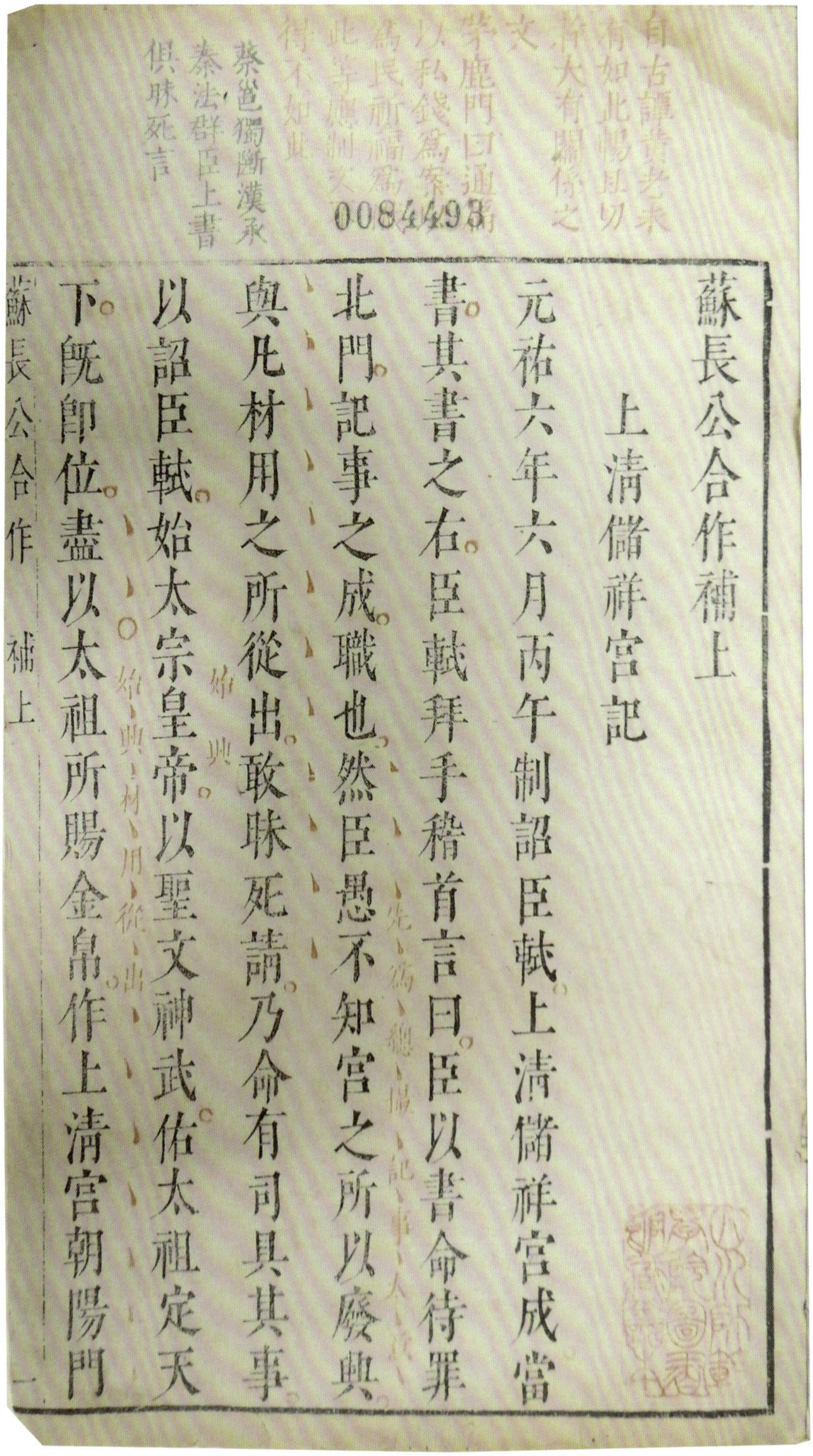

0084493

蘇長公合作補上

上清儲祥宮記

元祐六年六月丙午制詔臣軾上清儲祥宮成當
書其書之右臣軾拜手稽首言曰臣以書命待罪
北門記事之成職也然臣愚不知宮之所以廢興
與凡材用之所從出敢昧死請乃命有司具其事
以詔臣軾始太宗皇帝以聖文神武佑太祖定天
下既即位盡以太祖所賜金帛作上清宮朝陽門

蘇長公合作　補上　一

圖 098

098　蘇長公合作補
二卷

［宋］蘇軾撰　明萬
曆四十八年（1620）凌
啓康刻三色套印本（索
書號：845.15/4453）

半葉八行，行十九
字，白口，四周單邊。
框高21.1厘米，廣14.5厘
米。

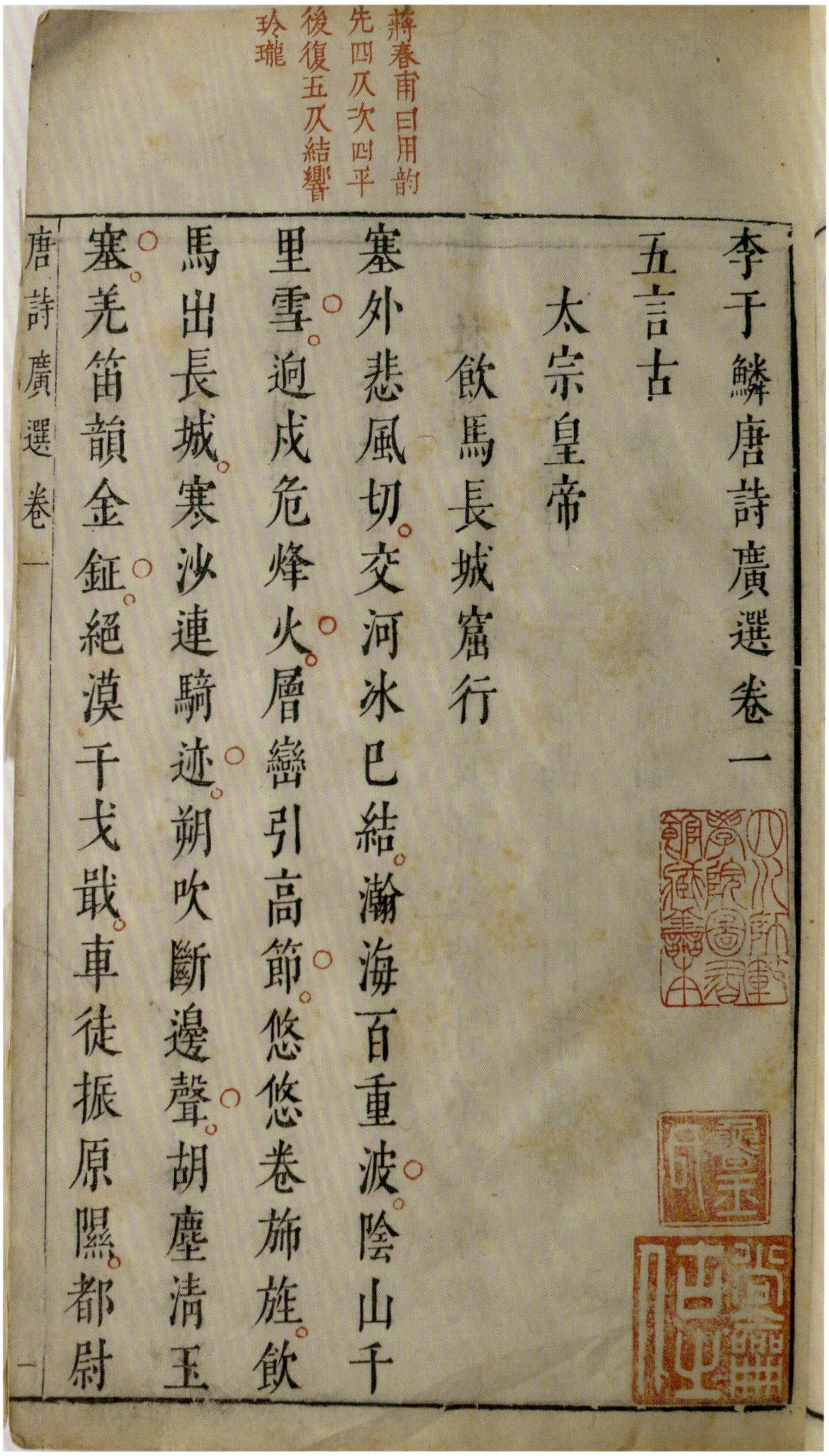

李于鱗唐詩廣選 卷一

五言古

太宗皇帝

飲馬長城窟行

塞外悲風切 交河冰巳結 瀚海百重波 陰山千里雪 迥戌危烽火 層巒引高節 悠悠卷旆旌 飲馬出長城 寒沙連騎迹 朔吹斷邊聲 胡塵清玉塞 羌笛韻金鉦 絶漠干戈 戰車徒振 原隰都尉

唐詩廣選卷一

圖 099-1

099　李于鱗唐詩廣選六卷

［明］李攀龍輯　明凌濛初刻朱墨套印本（索書號：831.4/4040）

半葉八行，行十八字，白口，四周單邊。框高21.3厘米，廣14.5厘米。有"傅青堂""尚侖古之人"等印。

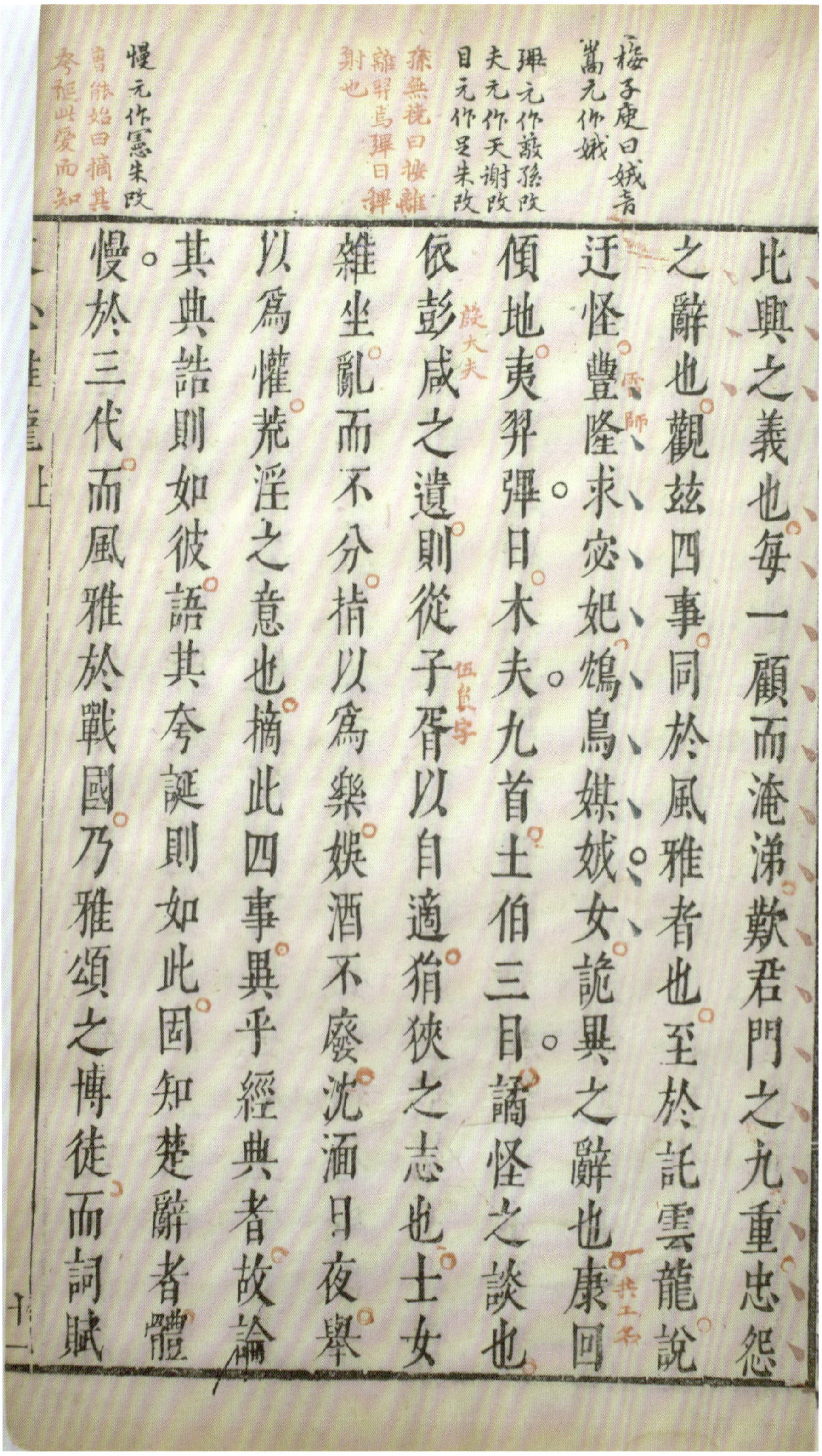
梅子庚曰娀音嵩元作娥
羿元作蔽孫改
夫元作天謝改
目元作足朱改
孫無撓曰按離騷羿焉彃日彃射也
慢元作憲朱改
曹能始曰摘其夸誕此愛而知
比興之義也每一顧而淹涕歎君門之九重忠怨
之辭也觀茲四事同於風雅者也至於託雲龍說
迂怪豐隆求宓妃鴆鳥媒娀女詭異之辭也康回
傾地夷羿彃日木夫九首土伯三目譎怪之談也
依彭咸之遺則從子胥以自適狷狹之志也士女
雜坐亂而不分指以爲樂娛酒不廢沈湎日夜舉
以爲懽荒淫之意也摘此四事異乎經典者故論
其典誥則如彼語其夸誕則如此固知楚辭者體
慢於三代而風雅於戰國乃雅頌之博徒而詞賦
雲師
殷大夫
伍員字
共工名
十二

圖 100

100　劉子文心雕龍二卷

［南朝梁］劉勰撰

［明］楊慎　曹學佺批點

劉子文心雕龍注二卷

［明］梅慶生撰　明萬曆閔繩初刻五色套印本

（索書號：820.2/7241）

半葉九行，行十九字，小字雙行同，白口，四周單邊。框高20.8厘米，廣15.0厘米。

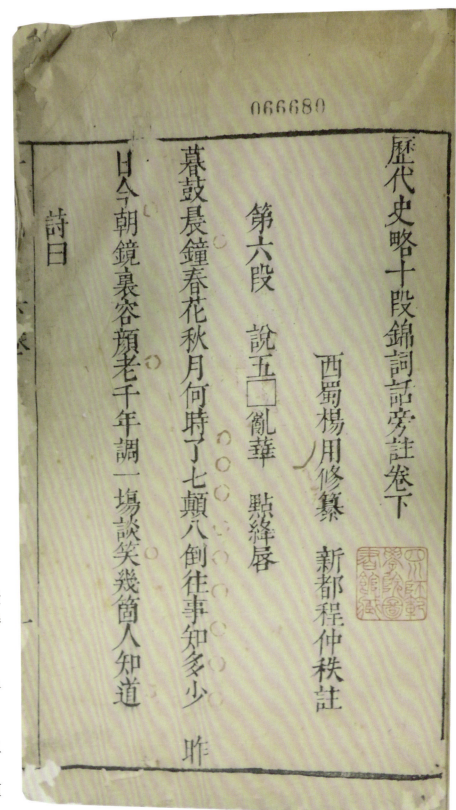

圖 101

101　歷代史略十段
錦詞話旁注二卷（存卷
下）

〔明〕楊慎纂　〔明〕
程仲秩注　明刻朱
墨套印本（索書號：
858.51/4694）

半葉六行，行二十二
字，白口，四周單邊。
框高20.7厘米，廣14.4厘
米。

後　記

　　四川師範大學圖書館的古籍收藏，歷史悠長，量多質優，種類豐富，涵蓋宋元明清四朝刻本、活字本、套印本及稀見的稿鈔本，收藏以文學、史學、方志類古籍爲特色。《四川師範大學圖書館館藏古籍珍本圖錄》挑選了其中一些有代表性的善本進行集中展示，讓廣大讀者能更直觀地認識和了解這些國家"瑰寶"。功夫不負有心人，經過一年多的不懈努力，《四川師範大學圖書館館藏古籍珍本圖錄》終於編撰完成。

　　這本圖錄是編者站在前輩的肩膀上歸納總結得出的。在過去的歲月裏，四川師範大學幾代圖書館人默默奉獻、盡職盡責、不辱使命，讓這座"寶庫"得到良好保護並在傳承中熠熠生輝。他們對館藏善本做了保管、整理、登記、編目、修復、普查等大量基礎性工作，讓我們在編撰這部圖錄時事半功倍，在較短時間內完成圖錄的策劃和編撰等工作。

　　本圖錄的編撰工作始於2020年年初，我館古籍部全體同仁均參與到這部圖錄的編撰工作中。在編撰過程中，大家協同推進相關工作：策劃編撰方案，確定收錄範圍，擬定凡例，確定著錄項目及編排方式，查考相關資料，目驗、比勘版本實物，撰寫介紹文字，編輯處理書影及補拍書影，等等。具體而言，陳鴻亮與李柯確定擬選書目、製作著錄明細表，曹靜偲與左茜負責查找索書號、題名、著者、版本、館藏情況等信息，爲後期圖錄的正式編撰打好前期基礎。在明確編撰體例後，楊杰、陳鴻亮和李柯選定書目、撰寫介紹文字、標注待核信息。曹靜偲與左茜進入書庫，找到所需圖書進行信息登錄與核對，對相關內容及時記錄、整理。李懷宇補充拍攝了部分書影，鄔園園、王梅對圖錄的編撰方案確定及資料查考等方面也做出了積極貢獻。全書由楊杰與陳鴻亮完成最後的審定工作。

　　終於付梓，得償所願，我們在爲這本圖錄得以正式出版而甚感欣慰的同時，也深感我館古籍文獻的研究性、開發性工作還任重道遠，這本圖錄也僅僅只是一個較爲粗淺的開始。由於種種原因，我館在長期的古籍保護工作中形成重"保管"

輕"研究"的習慣，這樣的狀況已經越來越難以適應新時代圖書館高品質發展的要求。面對新形勢、新要求，我們責無旁貸，要切實按照我館"十四五"規劃提出的"服務立館、專業強館、特色興館"的總體要求，以這部圖錄的出版爲新的起點，進一步加大館藏古籍的整理研究工作力度，力爭在"十四五"期間形成一批研究性成果，爲學校的"内涵式發展、特色化發展、高品質發展"做出應有貢獻。

　　我們希望此本圖錄能給研究者提供幫助，期待大家對此書提出意見和建議，但願有更多的人關注古籍、熱愛古籍；關心古籍保護，讓前人留下的精神財富能得到傳承。

楊　杰

2021年10月於成都龍湖